ANIMAIS e ESPIRITISMO

Solicite nosso catálogo completo, com mais de 350 títulos, onde você encontra as melhores opções do bom livro espírita: literatura infantojuvenil, contos, obras biográficas e de autoajuda, mensagens espirituais, romances palpitantes, estudos doutrinários, obras básicas de Allan Kardec, e mais os esclarecedores cursos e estudos para aplicação no centro espírita – iniciação, mediunidade, reuniões mediúnicas, oratória, desobsessão, fluidos e passes.

E caso não encontre os nossos livros na livraria de sua preferência, solicite o endereço de nosso distribuidor mais próximo de você.

Edição e distribuição

EDITORA EME
Caixa Postal 1820 – CEP 13360-000 – Capivari – SP
Telefones: (19) 3491-7000 | 3491-5449
Vivo (19) 9 9983-2575 ◉ | Claro (19) 9 9317-2800
vendas@editoraeme.com.br – www.editoraeme.com.br

RODRIGO CAVALCANTI DE AZAMBUJA

Capivari-SP

© 2014 Rodrigo Cavalcanti de Azambuja

Os direitos autorais desta obra são de exclusividade do autor.

A Editora EME mantém o Centro Espírita "Mensagem de Esperança" e patrocina, junto com outras empresas, instituições de atendimento social de Capivari-SP.

10ª reimpressão – fevereiro/2025 – de 15.001 a 15.500 exemplares

CAPA | Victor Augusto Benatti
REDIAGRAMAÇÃO | Marco Melo
REVISÃO | Editora EME

Ficha catalográfica

Cavalcanti de Azambuja, Rodrigo, 1976
    Animais e espiritismo / Rodrigo Cavalcanti de Azambuja – 10ª reimp. fev. 2025 – Capivari, SP: Editora EME.
  192 p.
  1ª edição jun. 2014
  ISBN 978-85-66805-34-5

1. Espiritismo. 2. Animais e espiritismo. 3. Alma dos animais. 4. Lei de evolução. I. TÍTULO

CDD 133.9

Dedicatória

À Caroline, ao Gabriel e à Elisa, que todos os dias iluminam a minha jornada. Tudo que realizo sempre tem um pouco de vocês. Amo vocês!

Aos meus pais Rodney e Juliana, que me proporcionaram a benção da reencarnação.

A Amantino e Maria Eni, que muitas vezes cuidam de minha família nos momentos em que estou fisicamente ausente.

E, em se tratando de animais, especialmente, à minha cadela Hulla, que o "destino" colocou em minha vida e me motivou a cursar a Medicina Veterinária, mudando ou concretizando todo o rumo desta minha encarnação. E, em geral, a todos os animais que enriquecem, auxiliam e alegram nossas vidas.

RUÍNAS DE CORINTO[1]

Semeia-se corpo natural, ressuscitará corpo espiritual. Se há corpo natural, há também corpo espiritual.

Assim está também escrito: O primeiro homem, Adão, foi feito em alma vivente; o último Adão, em espírito vivificante.

Mas não é primeiro o espiritual, senão o natural; depois o espiritual.

Paulo – 1ª Epístola aos Coríntios
Capítulo 15, versículos 44 a 46.[2]

---

[1] Uma das mais importantes Cidades-Estado da Grécia antiga, surgiu em tempos pré-históricos (6000 a.C.), no istmo que liga o Peloponeso ao resto da Europa. Os romanos destruíram a cidade em 146 a.C., mas a reconstruíram cem anos mais tarde, por ordem de Júlio César. Em Corinto, Paulo estabeleceu uma comunidade cristã à qual dirigiu algumas epístolas.

[2] Segundo *O Novo Testamento de Nosso Senhor Jesus Cristo*, tradução para o português de João Ferreira de Almeida.

Sumário

Prefácio 9
Introdução 11
A mistificação científica....................................... 15
A humanidade e os animais 21
A domesticação 23
Cães 31
Gatos 37
Aspectos materiais – Nossa origem comum 41
O Universo e a Terra 43
A origem da vida na Terra.................................. 47
Adão e Eva 55
Evolução dos corpos materiais 63
O design inteligente 71
A pineal 77
Aspectos espirituais 87
Animais têm espírito? 89
Animais no mundo espiritual 95
A mente e o cérebro 99
Evolução espiritual e material 103
A evolução do espírito e o cérebro trino 115
Instintos, sentimentos e emoções 121
Os animais e o mundo espiritual 127
Sacrifícios animais 133

Aspectos éticos 139
Conduta perante os animais 141
Consumo de carne 143
A dor 157
Bioética e experimentação animal 163
A eutanásia animal 167
Natureza e ecologia 171
Trabalho animal 177
Conclusão 183
Referências 185

Prefácio

Scheik é um cão que tem vinte anos. Ele participou de forma ativa dos momentos importantes de nossa família. Eu apresentei a ele meus filhos, quando do nascimento. Nos momentos tristes e alegres, ele esteve presente.

Hoje, com espantosos vinte anos de existência, está desencarnando aos poucos. O olhar dele sempre me intrigou. Parece que ele fala, se assim posso me expressar, pelos olhos.

A presente obra foi escrita por uma pessoa que ama os animais. Não por força de sua formação acadêmica. Rodrigo é veterinário, mas ama, de forma profunda, o que faz.

O livro que você tem em mãos, querido leitor, traz importantes considerações históricas e científicas sobre os animais, sobre o relacionamento destes com o homem e, sobretudo, sobre os pontos de contato entre este relacionamento homem "x" animais e a doutrina espírita.

Os animais realizam, cientificamente falando, uma função terapêutica coadjuvante na vida do homem, em especial nos que entraram na primavera de suas vidas e estagiam na "melhor idade".

O presente livro tem profundas raízes na codificação espírita, organizada pelo professor Allan Kardec.

Cita o autor, por exemplo, a questão 593 de "O Livro dos Espíritos", onde uma luz se acende ao final do túnel e que nos explica não só o fato de Scheik falar pelo olhar, mas sobre uma inteligência em desenvolvimento nos animais.

A doutrina espírita nos ensina, na questão de número 600 de *O Livro dos Espíritos* que os animais quando desencarnam, reencarnam automaticamente, visando a sua própria evolução.

Tenho certeza de que você fará uma leitura enriquecedora e conhecerá um pouco mais, deste assunto deveras interessante, que são os nossos amigos, os animais.

Hélio Ribeiro Loureiro
Niterói, verão de 2013.

Introdução

> Não me interessa nenhuma religião cujos princípios não melhoram nem tomam em consideração as condições dos animais.
>
> **Abraham Lincoln**[1]

Escrever sobre um tema tão discutido, controverso e ao mesmo tempo apaixonante é algo muito difícil. Opiniões pessoais sobre nossos "irmãos" animais costumam provocar simultaneamente críticas e elogios, e, neste campo, posições moderadas costumam descontentar extremistas de ambos os lados. Questionei-me se estava à altura da empreitada e tinha algo a contribuir para a discussão. Concluí que nada de novo ou de significativo havia a acrescentar, mas, por outro lado, seria conveniente uma compilação e uma reflexão sobre o material existente, e algumas considerações sobre os animais e suas relações com o homem no contex-

---

[1] Abraham Lincoln (12/2/1809 a 15/4/1865), 16º presidente dos Estados Unidos, assassinado quando ocupava o cargo. Conta-se que evitava caçar e pescar, pois não gostava de matar animais.

to atual, quando a Terra vive a transição para planeta de regeneração.

Na condição de espírita, de apaixonado pelos animais e pela natureza, médico veterinário e profissional do sistema público de saúde, participei muitas vezes de situações inquietantes nas relações homens-animais. São assuntos cotidianos do médico veterinário a inspeção tecnológica de carnes, o controle da população de cães e gatos de rua, eutanásia animal, zoonoses e várias outras áreas relacionadas aos animais onde o médico veterinário é chamado a defender a saúde da população humana e, em algumas vezes, estas atividades profissionais provocam profundas reflexões sobre como se posicionar de forma a bem desempenhar o papel de defensor da saúde pública em perfeita sintonia com os ideais cristãos. É o resultado de minhas meditações que pretendo oferecer ao leitor, não na forma de afirmativas e soluções prontas, muito menos como roteiro do que é o certo ou o errado, mas reflexões sem radicalismos e críticas exageradas aos que pensam diferente de nós. São pontos de vista que representam o meu entendimento sobre os animais à luz da doutrina espírita, que ofereço ao leitor na condição de estímulo à discussão e reflexão.

Procurei embasar os raciocínios expostos essencialmente nas obras básicas da codificação espírita, citando também autores espíritas clássicos e livros da lavra mediúnica de Chico Xavier. Procurei fugir ao excesso de citações para não tornar o texto cansativo, o que muitas vezes foi impossível, pois a literatura sobre o assunto é muito variada. Para os que desejarem se aprofundar no tema, considero imprescindível a leitura de: *Evolução em dois mundos* e *No mundo maior* (André Luiz), *A evolução anímica* (Gabriel Dellane), *Deus na Natureza* (Camile Flammarion), *A questão espiritual dos animais* (Irvênia Prada) e outras obras citadas no decorrer deste livro, todas com tamanha riqueza de conhecimento que foi impossível discuti-las como mereceriam seus autores.

Primeiramente, abordei um breve histórico sobre as relações entre a sociedade humana e os animais, para em seguida fazer algumas considerações sobre a formação de nosso planeta, o surgimento da vida e nossa origem em comum com os animais. Em seguida, uma parte dedicada à questão espiritual e que traz uma reflexão sobre nossa própria evolução e também dos animais, e, por último, uma discussão sobre os aspectos éticos envolvidos no bem proceder com nossos irmãos menores, abordando temas do cotidiano, científicos e ecológicos. Muitos dos assuntos expostos, por terem inúmeras relações e consequências, como, por exemplo, o consumo de carne com suas implicações ecológicas, espirituais e éticas, foram arbitrariamente inseridos em um ou outro capítulo.

O tema nos traz inúmeras consequências práticas em nosso cotidiano, como nosso relacionamento com o meio ambiente e com os animais, nossos hábitos de vida e também aspectos emocionais. Podemos e devemos viver de forma mais harmônica e equilibrada, demonstrando que compreendemos que somos responsáveis pela parte que nos cabe zelar na criação, em sinal de respeito e adoração a Deus. São novas escolhas e um novo caminho que podemos e devemos seguir, cada qual no seu ritmo e no seu tempo, mas sempre adiante, sem desculpas ou preguiça.

A MISTIFICAÇÃO CIENTÍFICA

O espiritismo é uma ciência que trata da natureza, origem e destino dos espíritos, bem como de suas relações com o mundo corporal.

Allan Kardec[1]

Em se tratando de um livro espírita sobre animais com temas relacionados com a ciência, e considerando que o espiritismo em seu tríplice aspecto (ciência, filosofia e religião) caracteriza-se como ciência de observação pelo fato de se basear na utilização da razão e no método científico, torna-se válido deixar um alerta sobre o perigo do misticismo científico a que, algumas vezes, estamos sujeitos.

Enquanto o espiritismo se "ocupa" do aspecto espiritual, a ciência do mundo estuda a matéria, consequentemente, representam diferentes ramos do conhecimento com objetos de estudo diferentes. No entanto, são ciências complementares com inúmeros pontos de contato e

---

[1] Preâmbulo da obra *O que é o Espiritismo*. Allan Kardec, pseudônimo do professor Hippolyte Léon Denizard Rivail (3/10/1804 a 31/3/1869), foi educador, escritor e tradutor francês, o codificador da doutrina espírita.

inter-relações, e devem andar de mãos dadas, pois sem uma sólida base moral a ciência carece de objetivos, podendo se tornar instrumento das maiores atrocidades, assim como a religião sem razão e lógica tende ao dogmatismo e pode se tornar fonte de fanatismo.

Teorias sobre supercordas, matéria escura, universos múltiplos, pineal, EQMs[2], relatividade e física quântica são utilizadas para um sem-número de hipóteses, teorias e raciocínios que, em grande parte das vezes se mostram absurdos e anticientíficos, sendo alguns exemplos desta "mistificação científica". A religião deve sempre olhar para a ciência e com ela se relacionar, mas nunca invadir seu campo de ação (*"bem como de suas **relações** com o mundo corporal"*). Quando Einstein propôs a fórmula E=mc^2 trazendo o conceito de que matéria e energia são duas faces de uma mesma coisa, perfeitamente de acordo com a afirmativa de André Luiz[3] de que *"toda matéria é energia tornada visível"*, vemos a ciência fornecendo apoio às ideias espíritas. Se, ao contrário, tivesse contradito o autor espiritual, nos caberiam a análise e o julgamento racional sobre o tema – lembremos de Kardec quando recomendou que fosse reavaliado e repensado qualquer ponto da codificação que

---

[2] Experiências de Quase Morte, onde pacientes em parada cardíaca e com eletroencefalogramas indicando ausência de atividade são reanimados e retornam com lembranças do período em que estavam clinicamente mortos.

[3] Em *Evolução em dois mundos* – primeira parte, capítulo 1 (Fluido Cósmico) – Cocriação em plano menor.

por algum motivo tivesse o contradito da ciência oficial. A relação entre ciência e religião é imprescindível, o que não quer dizer que devamos "estimular" nos centros espíritas que, por exemplo, físicos amadores disseminem conceitos sobre física quântica reproduzindo conceitos sem ao menos conseguir entender em profundidade seus experimentos[4], ou, então, que fisiologistas e anatomistas amadores exponham teorias sobre a glândula pineal sem o devido conhecimento de causa. Não será melhor deixarmos os estudos a respeito das matérias para seus especialistas?

Seguindo a recomendação do Espírito de Verdade[5], devemos nos instruir, o que inclui também o saber científico, sabendo que ele pode representar confirmação e apoio ao espiritismo, contudo, devemos exercitar conjuntamente o autoconhecimento e a humildade.

Na qualidade de seres pensantes, inevitavelmente formaremos opiniões a respeito dos mais variados assuntos, mas como se aventurar em repassar conceitos que não dominamos completamente? Antes de reproduzir textos sobre qualquer assunto e repassá-los, devemos analisar se estamos suficientemente instruídos para

---

[4] Experimentos que provam a influência do observador sobre os resultados obtidos e questões ainda mais complexas e até filosóficas, como o paradoxo do gato de Schorendiger, proposto pelo cientista de mesmo nome.

[5] "Espíritas! amai-vos, este o primeiro ensinamento; instruí-vos, este o segundo." Em: *O Evangelho segundo o Espiritismo*, Capítulo VI – O Cristo consolador, Instruções dos espíritos – Advento do Espírito de Verdade – item 5.

fazê-lo com qualidade e correção e analisar se não seria mais prudente deixar as discussões sobre os temas mais especializados e suas relações com o espiritismo aos indivíduos que estudam profundamente o assunto ou que atuam nas respectivas áreas, afinal, existem em nosso movimento colaboradores com as mais diversas formações, além de organizações especializadas como as associações médico-espíritas, jurídico-espíritas, militares-espíritas etc. Neste sentido, deixo ao leitor as palavras de Erasto nos concitando a utilizar sempre a lógica, a razão, o bom-senso e principalmente prudência quando cita o provérbio "Na dúvida, abstém-te" e prossegue dizendo:

> Melhor é repelir dez verdades do que admitir uma única falsidade, uma só teoria errônea. Efetivamente, sobre essa teoria poderíeis edificar um sistema completo, que desmoronaria ao primeiro sopro da verdade, como um monumento edificado sobre areia movediça, ao passo que, se rejeitardes hoje algumas verdades, porque não vos são demonstradas clara e logicamente, mais tarde um fato brutal, ou uma demonstração irrefutável virá afirmar-vos a sua autenticidade.
>
> ***O Livro dos Médiuns*[6]**

---

[6] Erasto em *O Livro dos Médiuns*, Capítulo XX – Da influência moral do médium – item 230.

Não há no alerta a intenção de censurar ninguém, mas promover a reflexão de que tais tentativas de utilizar a ciência sem o devido preparo, na maior parte das vezes bem-intencionadas, criam sistemas que acabam por desmoronar, causando muitas vezes mais prejuízos que benefícios à nossa amada doutrina. Também o movimento espírita deve estar atento às publicações, procurando fazer com que passem pela análise de pessoas habilitadas na área do conhecimento a que se propõe abordar.

Vigiemo-nos então para que, na tentativa de contribuir, não caiamos na tentação do orgulho, construindo teorias que podem ruir como castelos de areia, causando dano à credibilidade da doutrina espírita frente à opinião daquelas pessoas que ainda não sabem separar as opiniões pessoais dos espíritas do corpo da doutrina espírita.

A humanidade e os animais

A DOMESTICAÇÃO

> Primeiro foi necessário civilizar o homem em relação ao próprio homem. Agora é necessário civilizar o homem em relação à natureza e aos animais.
>
> Victor Hugo[1]

Segundo a mitologia grega[2], os animais foram domesticados por Prometeu[3], que os teria aprisionado para realizar o trabalho pesado em lugar dos homens. Na verdade, a domesticação de plantas e animais é tão antiga quanto a história da humanidade e deixou indícios desde a pré-história. Foi um processo em que o homem selecionou e multiplicou aqueles organismos considerados úteis para suas necessidades, exercendo uma seleção artificial que ao longo do tempo levou ao

---

[1] Victor-Marie Hugo (26/2/1802 a 22/05/1885) foi um novelista, poeta, dramaturgo, ensaísta, artista, estadista e ativista pelos direitos humanos francês de grande atuação política e um dos precursores do espiritismo na França.

[2] Ésquilo na obra *Prometeu acorrentado*.

[3] Prometeu também teria acostumado os cavalos aos freios.

desenvolvimento de novas e variadas raças e espécies. Acredita-se que o primeiro animal domesticado pelo homem tenha sido o cão, há aproximadamente 30 mil anos[4], sendo o exemplo mais dramático dos efeitos desta seleção artificial, com raças mais pesadas que uma pessoa e outras diminutas como um chihuahua.

Com o fim do último período glacial, as condições climáticas mudaram, tornando-se propícias para o desenvolvimento da agricultura e permitindo ao homem iniciar o cultivo de vegetais de forma mais sistemática. O resultado foi uma crescente oferta de alimentos que permitiu a fixação das populações humanas, que abandonaram o modo de vida baseado na coleta e na caça e assim surgiram as primeiras "cidades". Como em qualquer processo de transformação e evolução, a mudança do modo de vida não ocorreu sem os transtornos normais e esperados, os ônus e os bônus inerentes a qualquer mudança. A domesticação gerou enormes benefícios para o homem, mas também reduziu localmente a biodiversidade pela destruição de ecossistemas para a instalação de culturas em seu lugar.

Os primeiros animais de rebanho domesticados parecem ter sido as cabras e as ovelhas entre 10 mil e 7 mil

---

[4] Outras teorias falam em 10 a 12 mil anos atrás, mas, aparentemente, o que ocorreu neste período foi uma explosão no aparecimento de novas raças, sendo a domesticação realmente anterior. Controvérsias à parte, seja qual for a data correta, certo é que foi o primeiro ou um dos primeiros animais domesticados.

anos atrás na Ásia[5], seguidas pelos porcos no sudoeste asiático[6] e depois bovinos, burros, cavalos[7], camelos, galinhas, patos e outros, não necessariamente nessa ordem. Inegavelmente, um dos mais importantes benefícios da domesticação destes animais de rebanho foi o fornecimento de proteínas para a nutrição humana e até hoje ocupa papel de destaque na cadeia produtiva de alimentos.

A domesticação, que inicialmente teve um caráter essencialmente "utilitário", sempre visando a um objetivo determinado (fonte de alimentos, proteção etc.), foi gradualmente adquirindo uma nova faceta ligada ao aspecto afetivo, surgindo assim os animais de estimação, que hoje representam um fator decisivo no combate a um dos maiores males da sociedade contemporânea: a solidão. Hoje, mesmo morando em grandes metrópoles, rodeados por pessoas, muitos indivíduos sentem-se isolados e solitários, e até mesmo famílias, que coabitam sob o mesmo teto, muitas vezes não constituem um verdadeiro lar. Podemos conversar com um chinês pela internet em tempo real, e, muitas vezes, sequer sabemos o nome do nosso vizinho ou do melhor amigo de nosso filho na escola. Neste contexto, os animais representam

---

[5] Na Mesopotâmia, onde, aproximadamente, hoje fica o Iraque.
[6] Acredita-se que 9 mil anos atrás, na região onde hoje é a China.
[7] Nas estepes da Eurásia, mais especificamente no sudoeste da Rússia e na Ucrânia, há aproximadamente 6 mil anos atrás.

companhia e afetividade, principalmente para idosos e crianças, com enormes benefícios físicos e emocionais. É impossível avaliar em toda a extensão o crescimento emocional que um animal de estimação provoca em uma criança ao lhe oportunizar a prática da responsabilidade (pois o seu pet requer cuidados diários), a noção de dever na proteção dos mais fracos pelos mais fortes e o aprendizado sobre o ciclo natural da vida ao acompanhar a velhice e a morte do seu animalzinho (pois normalmente possuem um ciclo de vida mais curto que o nosso). Diversos estudos científicos vêm provando uma relação positiva entre a convivência com um animal e a diminuição dos casos de depressão, taxas de suicídio, melhora do controle da pressão arterial etc.

Os resultados positivos são tão bem documentados que animais têm sido utilizados em ambientes antes impensados e onde era proibido seu acesso, como em hospitais, principalmente os infantis. A zooterapia também tem sido amplamente empregada com excelentes resultados, utilizando os mais diversos animais, como golfinhos, cães, gatos e cavalos[8].

Recentemente, observa-se uma tendência de crescimento do número de gatos em relação aos cães como animais de estimação, provavelmente ligado às questões de falta de tempo, dinheiro, espaço e impulsiona-

---

[8] A equoterapia, por exemplo, oferta uma melhora na coordenação motora e benefícios emocionais marcantes em pacientes especiais.

do pelo comportamento independente dos gatos, que demandam menores cuidados quando comparados aos cães. Há muito pouco tempo, a maior parte das clínicas veterinárias se sustentava basicamente com a clientela de cães, mas hoje já existem clínicas veterinárias especializadas em gatos[9]. O "reinado" moderno dos gatos de estimação com seu temperamento independente parece representar mais um sintoma da solitária vida moderna e da falta de tempo, aliado, algumas vezes, a um forte sentimento individualista.

Um caso de grande repercussão nos jornais e que considero emblemático desta solidão moderna é o do gato Tomasso[10], que herdou de sua dona (que era viúva) 10 milhões de euros. Se refletirmos a respeito, vamos ver que o caso de Tomasso chama atenção apenas pela grande quantia envolvida, mas não é isolado, e nos faz pensar por que a viúva não optou por deixar alguma soma em dinheiro para uma obra de caridade, afinal, seu gatinho não gastará sua herança em vida nem que comesse ouro em pó todos os dias. Uma música composta por Eduardo Dusek[11] intitulada "Rock da Cachorra", com

---

[9] Esta tendência é tão marcante que durante o processo de edição deste livro, abriu em Canela/RS, que é uma pequena cidade do interior do RS, com menos de 40 mil habitantes, a clínica Amor de Gato (especializada em gatos).

[10] Viúva deixa herança de R$ 24 milhões para gato (em 12/12/2011). Acesso em 13/12/11, site: http://colunas.epocasp.globo.com/farejadorbichos/.

[11] Ator, compositor e músico encarnado no Rio de Janeiro, que fez muito sucesso na década de 1980.

uma letra muito bem-humorada, nos faz pensar sobre estas relações passionais entre algumas pessoas e seus animais de estimação. Dois trechos desta música dizem: "Troque seu cachorro por uma criança pobre, sem parente, sem carinho, sem rango, sem cobre" e "Seja mais humano. Seja menos canino. Dê guarita pro cachorro. Mas também dê pro menino". Quem sabe a história de Tomasso tivesse um final diferente, inclusive com um novo dono e mais carinho para o felino, se houvesse um hipotético filho adotivo de sua antiga dona.

Uma mensagem de Benedita Fernandes psicografada por Divaldo Franco[12], transcrita a seguir, fala exatamente sobre esta temática das pessoas solitárias/animais de estimação/infância desamparada e corrobora com o meu modo de ver a questão:

> Pessoas solitárias, aquinhoadas com fartas moedas, escravizadas a animais de estimação em que aplicam somas elevadas e negam-se à contribuição por uma vida infantil em estiolamento, que poderia transformar-se no farol para iluminar-lhes a pesada noite da velhice que os colherá, amarguradas.

---

[12] Mensagem intitulada "Emergência para a criança", In: *Sementes de vida eterna*. Por espíritos diversos. Salvador, BA: Leal, 1978. P. 91-92. Compilada no livro *Sublime sementeira* – Evangelização Espírita Infantojuvenil, FEB/DIJ, 1ª edição, 2ª reimpressão, Brasília, 2012, Editora FEB. P. 107-109.

Precisamos refletir sobre a relação homem-animal, que traz benefícios físicos e emocionais, mas alguns casos de amor exagerados parecem esconder na realidade uma imaturidade emocional dos donos. A maior e mais visível faceta desta imaturidade que podemos observar é a tentativa de humanizar os animais de companhia, que considero verdadeiras violências cometidas contra a natureza do animal como: cães calçando sapatos, gatos utilizando coleiras e guias, carrinhos de bebê para cachorro etc. Será que estas relações exageradas não escondem egoísmo e individualismo que ocasionam a fuga do convívio social e a tentativa de preenchimento da solidão com um animal "travestido" de humano? Lembremo-nos do alerta de André Luiz[13], que nos diz que no contato com os animais que estimamos devemos "governar os impulsos de proteção e carinho, a fim de não cair em excessos obcecantes, a pretexto de amá-los. Toda paixão cega a alma".

Busquemos, portanto, uma relação saudável para ambos; humanos como humanos respeitando os animais em sua natureza, amando-se mutuamente e zelando um pelo outro como homem e animal. Sejamos coerentes e respeitemos a natureza de nossos animais.

---

[13] *Conduta espírita*, capítulo 33 – Perante os animais (psicografia de Waldo Vieira).

Cães

O cão desperta muito amor e é modelo de
fidelidade. As pessoas que amam e cultivam a
convivência com os animais, especialmente os
cães, se observarem com atenção, verificarão
que os vários espécimes são portadores de
qualidades que consideramos quase humanas,
raiando pela prudência, paciência, disciplina,
obediência, sensibilidade, inteligência,

improvisação, espírito de serviço, vigilância e sede de carinho,
infundindo-nos a ideia de que, quanto mais perto se encontram das
criaturas humanas, mais se lhes assemelham, preparando-se para o
estágio mais próximo da hierarquia espiritual.

Chico Xavier[1]

Há cerca de 30 mil anos, alguns cães, surgidos a partir do lobo cinzento[2], teriam começado a acompanhar os agrupamentos humanos nômades que praticavam a caça e a coleta, estabelecendo uma relação vantajosa para ambos. Enquanto os cães se aprovei-

---

[1] Frase amplamente difundida no meio espírita e atribuída a Chico Xavier (2/4/1910 a 30/6/2002).

[2] A origem dos cães é bem mais antiga, talvez há 135 mil anos, mas a domesticação parece ter começado nesta época.

tavam dos restos e ossos da caça, os humanos se beneficiavam com a proteção dos lobos contra outros animais selvagens. Especula-se que, com o passar do tempo, alguns destes animais se aproximaram cada vez mais e em algum momento filhotes destes cães, órfãos ou abandonados, passaram a ser criados pelos homens que os utilizaram também como auxiliares na caça.

Um dos registros mais antigos de uma civilização sobre os cães é o Deus egípcio Anúbis[3], que aparece desde o império egípcio antigo como deus dos mortos. Nesta época, os cães eram tidos como conhecedores dos segredos do outro mundo e também eram utilizados na caça. Depois que Osíris assumiu o papel mais importante no culto dos mortos, ficou para Anúbis o papel de conduzir os mortos até o tribunal presidido por Osíris e realizar a pesagem do coração do morto, que, caso pesasse mais que a pena da verdade, condenava o indivíduo a ser devorado por um animal com cabeça de crocodilo. Caso a pesagem fosse favorável, o candidato poderia ir para o paraíso ou retornar para o corpo. Uma metáfora interessante envolvendo a pesagem do coração, a pureza de seus sentimentos e a consequência de nossos atos (lei de causa e efeito) e o conceito de se retornar ao corpo, ou seja, de reencarnar. Contudo, os egípcios em sua ótica ainda imperfeita e

---

[3] Nome dado por gregos antigos. Em egípcio era algo como Anupu.

primitiva pensavam que este retorno se dava no antigo corpo, o que pode ter sido a motivação para a origem do costume da mumificação.

Figura 1 – Papiro egípcio representando Anúbis e o julgamento dos mortos. No prato esquerdo da balança o coração do morto e no direito a pena da verdade.

Há controvérsias sobre se a cabeça animal de Anúbis era uma referência a chacais ou a cães, e especula-se que a associação do deus egípcio com estes animais se devia à sua constante presença em cemitérios e pelo fato de se alimentarem de carniça (principalmente os chacais). A enorme semelhança das imagens de Anúbis com os ancestrais da raça Pharaoh Hound[4] existentes

---
[4] O Pharaoh Hound é uma das raças mais antigas conhecidas, juntamente com o Samoieda, Saluki, Afghan hound, Cão de Canaã e o Xoloitzcuintle, todas com aproximadamente 5 mil anos de existência. Há 2 mil anos, os fenícios teriam levado eles para diversas regiões, entre elas a

nesta época no Egito parece apoiar os cães em detrimento dos chacais.

Figura 2 – Um Pharaoh Hound e uma estátua de Anúbis.

Dando um salto no tempo, na Grécia antiga, os cães, além do tradicional papel de caça e guarda, eram também relacionados à cura e ficavam em templos, com a função de lamber a ferida de doentes. A frase de Homero "Infeliz do homem que não tiver um cão para lamber suas feridas..." quem sabe seja uma referência à esta "questão médica", ou também possa ser entendida como: infeliz daquele que não tem um cão para consolá-lo. Gregos antigos e também as legiões romanas

---

ilha de Malta, onde, devido ao isolamento geográfico, a raça permaneceu praticamente inalterada.

utilizaram cães molossoides[5] cobertos de couro como verdadeiras armas de combate, que ao avançar abriam as linhas de defesa inimiga. Os romanos também viram nos cães um "instrumento" de diversão do público em grandes brigas no Coliseu de Roma[6]. O Circo Romano, infelizmente, parece ter reaparecido em nossa sociedade, com a realização de rinhas envolvendo cães, principalmente da raça Pit Bull.

Na Idade Média, os cães perderam prestígio e passaram a representar um risco em tempos de peste negra e tifo, pois comiam os cadáveres nas periferias das cidades e reviravam o lixo, desfavorecendo a higiene. O medo fez com que fossem associados ao sobrenatural, e a Igreja Católica passou a ter uma imagem negativa deles, originando uma verdadeira matança de cães e lobos na Europa, muitas vezes associando cães e gatos à bruxaria. Contudo, mesmo contrariando a orientação da Igreja Católica, no fim da Idade Média e início do Renascimento, os cães foram "caindo no gosto" dos nobres europeus, que procuravam manter criações e o costume de presentear outros nobres com exemplares de sua cria-

---

[5] Molossos ou molossoides é um grupo de cães de grande porte pesando normalmente mais de 40 quilos, braquicefálicos e de musculatura muito desenvolvida. O nome é originário de uma antiga região da Grécia chamada Molóssia, de onde se originaram os ancestrais desses cães. Fazem parte deste grupo cães como o Rotweiller, Dog Alemão, Mastim, Fila etc.

[6] Nestes espetáculos, os cães atacavam prisioneiros, escravos, cristãos e outras feras. Muitas vezes, assim como os leões, eram deixados sem comida para ficarem mais agressivos.

ção. Esta prática da nobreza, associada à distância e ao isolamento entre as cidades, propiciou uma explosão no aparecimento de novas raças caninas e na sua manutenção. Desta forma, o cão saiu da condição de animal com fins utilitários para atingir o *status* de animal de companhia de que hoje desfruta.

Gatos

> Desejo ainda que você afague um gato,
> alimente um cuco e ouça o joão-de-barro
> erguer triunfante o seu canto matinal; porque,
> assim, você se sentirá bem por nada.
>
> **Victor Hugo**[1]

Acredita-se que os gatos foram domesticados há aproximadamente 3.500 anos, no antigo Egito, como animais de estimação[2] e objeto de adoração. As excelentes habilidades na caça de roedores parecem ter sido determinantes para a domesticação, pois as colheitas obtidas das fertilizadas margens do Nilo após a vazante do rio precisavam ser guardadas para o consumo ao longo de todo o restante do ano. O respeito pelos gatos era tamanho que matar um deles era crime punível com a morte e, caso algum deles

---

[1] Frase de um texto intitulado "Desejos", com autoria atribuída a Victor Hugo.

[2] Outra versão menos aceita propõe que a domesticação teria ocorrido na Mesopotâmia, por volta de 9.000 a.C. Acredita-se que os gatos domesticados no Egito eram semelhantes a uma raça atual de gatos chamada Abissínio.

morresse de causas naturais, existia também o costume de rasparem-se as sobrancelhas das pessoas da casa em sinal de luto. Após a morte, eram mumificados e passavam a pertencer à deusa Bastet[3], divindade solar protetora dos lares, mães, mulheres grávidas e crianças, representada por uma mulher com cabeça de gato, que em algumas vezes era representada simplesmente como um gato.

Figura 3 – Duas representações da deusa Bastet. À direita, uma fotografia de um papiro de minha propriedade adquirido no Cairo.

Para os gregos eram associados às deusas Afrodite e também a Artemis, e diversos outros povos e culturas

---

[3] Seu templo mais conhecido se localizava em Bubástis (*Per Bast* em egípcio, que significa "casa de Bastet"), onde se criavam gatos considerados sagrados e que após morrer eram mumificados. Em algumas representações, tinha um cesto onde colocavam as crias. Algumas vezes, Bastet é confundida com Sekhmet, uma deusa com cabeça de leoa.

(nórdicos, celtas, chineses etc.) também possuíam lendas referentes aos gatos. Na cultura islâmica, conta-se que Maomé vivia cercado de gatos e possuía um especial apreço por eles. Segundo os árabes, os gatos teriam sete vidas, e talvez seja devido à invasão moura na Europa que os países latinos invadidos tenham incorporado esta lenda, ao contrário do que ocorre nos países de língua inglesa, onde, segundo a tradição, os gatos possuem nove vidas. Muito provavelmente, a origem de tais lendas se deva às excepcionais habilidades dos gatos, em normalmente cair de pé, ao salto preciso e poderoso e por aparentemente adoecerem menos quando comparados, por exemplo, aos cães.

Talvez o seu amplo sucesso na história antiga e sua associação em diversas culturas com deuses e cultos tenha sido a principal motivação para que, na Idade Média, a Igreja Católica os tenha associado ao comportamento herético, sendo a origem de sua perseguição e má fama, que persiste até hoje em superstições como o azar representado nos gatos pretos. Com o fim da Idade Média e o fim das superstições, o gato foi recuperando o lugar nos corações dos homens.

Aspectos materiais

Nossa origem comum

O Universo e a Terra

> Dois elementos, ou, se quiserem, duas forças regem o Universo: o elemento espiritual e o elemento material. Da ação simultânea desses dois princípios nascem fenômenos especiais, que se tornam naturalmente inexplicáveis, desde que se abstraia de um deles, do mesmo modo que a formação da água seria inexplicável, se se abstraísse de um dos seus elementos constituintes: o oxigênio e o hidrogênio.
>
> A Gênese[1]

Segundo a ciência, o Universo se originou em uma grande explosão ocorrida há aproximadamente 13,7 bilhões de anos, o *Big Bang*. Da nuvem de gases inicial, uma primeira geração de estrelas surgiu e, após cumprir seu ciclo natural, explodiram espalhando pelo Universo seus elementos constituintes (gases e metais produzidos por fusão em seu interior) que, por sua vez, foram a matéria-prima para a formação de uma nova geração de estrelas. Camille Flammarion[2] já afirmava que o Sol não faz parte de uma primeira geração de estrelas e que "no amanhecer da Natureza terrestre, já os sóis esplendiam

---

[1] Introdução da 1ª edição publicada em 1868.
[2] Em seu livro *Deus na Natureza*.

de há muito, na amplidão dos céus, a gravitarem harmônicos em suas órbitas, sob a regência da mesma lei universal que ainda hoje os rege".

Nosso astro rei é classificado hoje como uma estrela anã (quando cursei meu segundo grau, aprendi que era uma estrela de quinta grandeza) e de segunda geração, pois apresenta uma grande massa de gases, mas também possui elementos pesados. Portanto, no que se refere ao corpo, à matéria, podemos de forma poética concordar com Carl Sagan quando diz que somos poeira das estrelas[3], afinal, nosso sistema solar foi formado a partir de materiais oriundos da morte de outras estrelas.

A afirmativa de Louis Pasteur de que "um pouco de ciência nos afasta de Deus, muito, nos aproxima" é uma inegável realidade, pois as descobertas e teorias da ciência sobre o Universo, longe de diminuírem nossa admiração e reverência a Deus e sua obra, nos faz repensar em sua grandeza e sabedoria. O tom conciliador de Pasteur era o indício de um novo tempo em que o divórcio entre ciência e religião parece chegar ao fim, e vemos hoje diversos médicos e homens de ciência se "rendendo" à beleza e à harmonia da obra do Criador.

O cientista Francis S. Collins, coordenador do programa genoma humano, expõe em seu livro *A linguagem de Deus* a sua crença em Deus, as dificuldades que

---

[3] Como afirmou Carl Edward Sagan (9/11/1934 a 20/12/1996), cientista e astrônomo norte–americano, em sua premiada série para a TV chamada *Cosmos*, baseada em sua obra de mesmo nome.

enfrentou no meio acadêmico ao assumir esta posição, e apresenta o que ele entende como sendo as evidências científicas de sua existência, entre elas o *Big Bang*. Para Collins, o *Big Bang* é uma improbabilidade estatística, pois, se a força da explosão tivesse sido ligeiramente maior, as galáxias teriam se afastado indefinidamente e o Universo seria um grande espaço vazio e frio, mas, se, por outro lado, tivesse sido um pouco menor, a expansão inicial teria sido freada pela força gravitacional e então o Universo entraria em colapso. Contudo, contrariando a estatística e a probabilidade, a força da explosão foi exatamente a necessária para criar um Universo estável, e, diante da improbabilidade do fato, Collins se rende à evidência da existência de uma inteligência superior. Sendo correta ou não a ideia de Collins, afinal, verdades científicas sofrem revoluções de tempos em tempos, a novidade a se comemorar é que cientistas superaram o receio de começar a admitir que na "equação da ciência" pode-se adicionar um elemento inteligente e organizador responsável por toda a ordem e beleza que vemos na criação.

À luz da doutrina espírita, lembremos que Deus é eterno[4], não possuindo começo nem fim e que nunca esteve inativo, criando desde sempre, e, portanto, o *Big Bang* não teria sido o início de tudo. Novamente, a ciência já

---

[4] Só Deus é eterno, e nós, na qualidade de seres espirituais, somos imortais, ou seja, criados em algum momento por Deus para não mais perecermos.

considera mais esta hipótese, formulando teorias como a dos multiuniversos[5], a teoria de um universo cíclico alternando períodos de expansão, depois de um *Big Bang*, seguido de períodos de contração, antes do *Big Crunch* e de outras teorias cuja discussão, por sua profundidade e complexidade, não me sinto credenciado a discutir, e que acredito não terem lugar nesta obra sob pena de desviá-la de seu objetivo principal e tornando-a longa demais.

E dentro desta imensidão, "nossa casa", o minúsculo planeta azul chamado por nós de Terra, formou-se há cerca de 4,6 bilhões de anos e supõe-se hoje que a vida surgiu "por aqui" há cerca de 3,5 bilhões de anos. A título de curiosidade e como uma ferramenta útil para nos localizarmos em períodos de tempo tão extensos e assim facilitar nossa compreensão, podemos comparar a história do Universo com o período de um ano terrestre[6] com o primeiro segundo do primeiro dia do ano representando o *Big Bang*. Em maio deste "ano cósmico" se formaria a Via Láctea, em meados de setembro nasceria o sistema solar e só no final do mesmo mês surgiria vida orgânica na Terra. Apenas em dezembro, no dia 26, os primeiros mamíferos apareceriam e somente no último dia do ano, às 22h30, os primeiros homens fizeram sua "estreia" na história de nosso planeta.

---

[5] A teoria propõe a existência de diversos universos distintos, talvez com características distintas em diversas dimensões diferentes.

[6] Comparação proposta por Carl Sagan em sua série para a TV intitulada *Cosmos*, realizada em parceria com a rede BBC.

A ORIGEM DA VIDA NA TERRA

> A imensa fornalha atômica estava habilitada a receber as sementes da vida e, sob o impulso dos Gênios Construtores, que operavam no orbe nascituro, vemos o seio da Terra recoberto de mares mornos, invadido por gigantesca massa viscosa a espraiar-se no colo da paisagem primitiva. Dessa geleia cósmica verte o princípio inteligente, em suas primeiras manifestações...
>
> **André Luiz**[1]

Duas das teorias que considero as mais sensatas e prováveis a respeito da origem da vida orgânica foram propostas na década de 1920, simultaneamente, pelo bioquímico russo Aleksandr Ivanovitch Oparin (1894-1980)[2] e pelo cientista inglês John Burdon S. Haldane (1892-1964). A teoria de Oparin-Haldane propõe que o bombardeio da atmosfera primitiva (composta basicamente por vapor d'água, metano, amônia e hidrogênio) pelos raios ultravioletas do Sol[3] e descargas elétricas das tempestades teve

---

[1] *Evolução em dois mundos*, Capítulo 3 – Evolução e corpo espiritual.
[2] O cientista inglês John Burdon S. Haldane (1892–1964) propôs, também na década de 1920, hipótese semelhante.
[3] Que era intensa, pois ainda não existia a proteção da camada de ozônio.

como resultado a formação no leito dos oceanos primitivos de moléculas orgânicas, entre elas aminoácidos[4] que poderiam ter se combinado, formando proteínas. Emmanuel[5] descreve esta sopa primordial de aminoácidos, proteínas e outros compostos como um elemento viscoso, uma massa gelatinosa que podia se chamar de protoplasma e que era o "germe sagrado dos primeiros homens".

Ao longo do tempo, estas moléculas orgânicas teriam se acumulado nos mares primitivos, juntando-se em minúsculos aglomerados rodeados por moléculas de água, os coacervados[6], que teriam se tornado cada vez mais complexos. Apesar de ainda não serem seres vivos, os coacervados teriam permitido o aparecimento de um meio interno, onde reações podiam acontecer isoladamente do meio exterior.

Em algum momento, ácidos nucleicos teriam se localizado dentro de estruturas elipsoides formadas por uma membrana de lipídeos e proteínas, hipoteticamente surgidas a partir dos coacervados, ganhando a capacidade de se autorreplicar. Surgiriam então os primeiros seres vivos, unicelulares e heterotróficos, se alimentando da sopa nutritiva do mar primitivo. Na década de 1950, Stanley Miller e Harold Urey desenvolveram um experimento em que simularam as prováveis condições da

---

[4] A possibilidade da formação de aminoácidos e moléculas simples a partir de gases e bombardeio elétrico foi confirmada pelo Experimento de Stanley Lloyd Miller, em 1953.

[5] Em *A caminho da luz*, no capítulo 1, intitulado "A Gênese Planetária".

[6] Do latim *coacervare*, que significa formar grupos.

atmosfera primitiva da Terra, obtendo resultados que confirmaram a lógica e a possibilidade da teoria de Oparin-Haldane, que, apesar de ser defendida por alguns, é também refutada por outros. Mas mesmo que a realidade não tenha sido exatamente o proposto, parece lógico que o processo básico possa ter sido ao menos semelhante.

A codificação espírita apresenta uma visão semelhante, conforme o que podemos encontrar na Gênese[7], que nos diz que a "a combinação de dois corpos para formar um terceiro exige especial concurso de circunstâncias" sem as quais o processo não ocorre.

Podemos dizer, então, que, em sentido exclusivamente material, corpos orgânicos (seres vivos) e corpos inorgânicos são formados pelos mesmos elementos, pelos mesmos átomos, só diferindo entre eles as proporções[8]. A tese da ciência de que a origem da vida teve como ponto de partida os seres extremamente simples ou rudimentares surgidos a partir da matéria inorgânica é encontrada no item 21 do capítulo X de *A Gênese*, em que Kardec vai mais longe e afirma que a primeira criação, logicamente, "houve de ser espontânea", para logo em seguida deixar o questionamento sobre se tal forma de criação seria permanente.

Uma questão que prontamente nos ocorre é: o espiritismo defende a teoria da geração espontânea da vida, que

---

[7] Capítulo X – Gênese orgânica – Formação primária dos seres vivos – item 4.

[8] Ver *A Gênese* – Gênese orgânica – Capítulo X, itens 12, 13 e 16.

Francesco Redi, Lázzaro Spallanzani e Louis Pasteur brilhantemente pulverizaram[9]? A resposta é não, e uma análise dos trechos de *A Gênese*, transcritos a seguir, é suficiente para concluir que tais ideias eram hipóteses pessoais de Kardec.

> Com exceção, todavia, de algumas teorias ainda hipotéticas, que tivemos o cuidado de indicar como tais e que devem ser consideradas simples opiniões pessoais, enquanto não forem confirmadas ou contraditadas, a fim de que **não pese sobre a doutrina** a responsabilidade delas.
>
> *A Gênese*[10]

> No estado atual dos nossos conhecimentos, não podemos estabelecer a teoria da geração espontânea permanente, senão como hipótese, mas como hipótese provável e que um dia, **talvez**, tome lugar entre as verdades científicas incontestes.
>
> *A Gênese*[11]

---

[9] Redi provou que larvas não nasciam espontaneamente em carnes em decomposição, Spallanzani provou que micro-organismos não cresciam em caldos nutritivos suficientemente aquecidos e lacrados e Pasteur realizou o mesmo experimento de Spallanzani, mas em frascos com pescoço de cisne, permitindo a entrada de ar, mas não dos micro-organismos.

[10] Introdução da 1ª edição publicada em 1868.

[11] *A Gênese* – Gênese orgânica – Capítulo X – Geração espontânea, item 23.

Camille Flammarion, em seu livro *Deus na Natureza*, deixou importante contribuição com suas considerações sobre a teoria da abiogênese (geração espontânea) e que parece encerrar a questão de forma brilhante. Flammarion descreve[12] passo a passo a evolução do pensamento científico sobre a origem da vida, com citações de pensadores e cientistas e seus respectivos trabalhos. Discorre sobre a dificuldade dos pensadores antigos em explicar a origem da vida em face dos poucos conhecimentos acumulados, e diz que "tão grande se afiguram as dificuldades aos naturalistas de antanho que houveram de recorrer a uma hipótese particular para explicar a origem desses animais". Esta hipótese foi a geração espontânea que perdurou sem contestações durante quatorze séculos repassada desde a Antiguidade até a Idade Média. Encerra seu raciocínio concluindo a favor da teoria da evolução das espécies e exaltando sua admiração pela grandeza de Deus, arquiteto de todo este maravilhoso planejamento. Transcrevo a seguir dois trechos do capítulo em questão, recomendando não apenas a leitura da obra citada, mas o seu estudo:

...suponhamos, enfim, que todas as espécies vegetais e animais, inclusive a humana, sejam o resultado de transformações lentas, operadas sob condições progressivas do planeta, e perguntemos em que, e como,

---

[12] Em *Deus na Natureza*, no Capítulo II do tomo II, intitulado "A origem dos seres".

pode esta teoria nulificar a necessidade de um criador e organizador imanente... Seria por não haver este autor fabricado tudo com as próprias mãos, que haveríeis de o negar?

No encarar a vida e suas potências, animando originariamente algumas ou uma única forma simples ao influxo do Criador, também há grandeza.

Flammarion[13] defendeu que a seleção natural é o modo pelo qual "todas as características corporais e individuais devem tender a progredir para a perfeição", sendo um instrumento da lei de progresso. Seu pensamento encontra-se perfeitamente de acordo com a doutrina espírita e com as ideias de Charles Darwin[14], que exalta ainda a grandeza de Deus ao criar a vida no planeta a partir de um pequeno número ou mesmo um só ser e que afirma ainda, em uma verdadeira exaltação à lei de progresso, que, enquanto a Terra permanece em sua órbita, "uma quantidade infinita de belas e admiráveis formas, originadas de um começo tão simples, não cessou de se desenvolver e desenvolve-se ainda!".

Os estudos sobre o material genético e de como ele controla a síntese de proteínas através de um código único parecem confirmar que a origem da vida ocorreu a partir de apenas um "ser primordial" ou alguns pou-

---

[13] Segundo Camile Flammarion, em *Deus na Natureza*.
[14] Em seu livro *A origem das espécies* (1859) – Capítulo XV – Recapitulações e considerações.

cos. Durante o processo de síntese proteica, a ordem dos aminoácidos que formam nossas proteínas é determinada por um respectivo ordenamento dos códons presentes em nosso DNA. Códons são os conjuntos de três nucleotídeos que são traduzidos no momento da produção da proteína por um aminoácido específico e, seja planta ou animal, um mesmo códon corresponde a um mesmo aminoácido, ou seja, o código utilizado é universal. O "vocabulário" genético em comum nos traz mais uma evidência de que, poeticamente falando, somos "irmãos" dos animais e, mais ainda, que somos "primos" dos vegetais.

Com o vertiginoso desenvolvimento da tecnologia e da medicina, novas questões e novos desafios surgirão. Será que o homem algum dia será capaz de criar vida em laboratório? O que dá a vida ao corpo, se a morte não lhe retira nenhum elemento, em outras palavras, se o corpo continua com a mesma constituição física no momento da morte, por que não vive mais? A clonagem é um ato de criar vidas? E tantas outras...

A doutrina espírita nos revela que o princípio vital[15] (uma das modificações do fluido cósmico universal) é o diferencial que falta nos corpos já sem vida e também o motivo pelo qual a ciência não consegue criar vida em laboratório. No caso da clonagem, não há criação de vida, pois o núcleo celular e os óvulos (sem núcleo) utilizados

---

[15] *A Gênese* – Gênese orgânica – Capítulo X – Princípio vital – item 17.

já apresentavam vitalidade, e no aspecto espiritual, um espírito diverso do organismo que gerou o clone se liga ao novo organismo, pois para animar cada corpo há um espírito diferente. Contudo, devemos lembrar que a perfeição relativa é nosso destino, e, em algum ponto de um futuro extremamente distante, seremos engenheiros siderais, prepostos de Deus e sondaremos um pouco mais de perto Seus desígnios, entendendo melhor a vida, seu real significado e participando cada vez mais intimamente de seus processos.

Adão e Eva

Aos que desejem religiosamente conhecer e se mostrem humildes perante Deus, direi, rogando-lhes, todavia, que nenhum sistema prematuro baseiem nas minhas palavras, o seguinte: O Espírito não chega a receber a iluminação divina, que lhe dá, simultaneamente com o livre-arbítrio e a consciência, a noção de seus altos destinos, sem haver passado pela série divinamente fatal dos seres inferiores, entre os quais se elabora lentamente a obra da sua individualização. Unicamente a datar do dia em que o Senhor lhe imprime na fronte o seu tipo augusto, o Espírito toma lugar no seio das humanidades.

A Gênese[1]

O egocentrismo que infelizmente ainda cultivamos nos faz cotidianamente esquecer que também somos animais, seres espirituais momentaneamente envergando uma ferramenta carnal que, cientificamente falando, pertence ao reino animal, haja vista a nossa classificação taxonômica.

---

[1] Capítulo V – Uranografia Geral – A criação universal, item19.

CLASSIFICAÇÃO TAXONÔMICA DO HOMEM[2]	
REINO	Animalia
FILO	Chordata
SUBFILO	Vertebrata
CLASSE	Mammalia
ORDEM	Primata
FAMÍLIA	Hominidae[3]
SUBFAMÍLIA	Homininae[4]
GÊNERO	Homo[5]
ESPÉCIE	Homo sapiens
SUBESPÉCIE	Homo sapiens sapiens

O insensato orgulho de espécie que afeta o homem foi combatido por Camille Flammarion[6], que afirmou que a origem do corpo não diminuía em nada nossa condição.

A incontestável informação sobre a evolução do homem, sua filogenética e sua classificação, ainda é nega-

---

[2] A classificação é mais complexa e detalhada do que o exposto acima, contemplando também classificações como o domínio (Eukaryota), sub-reino (Eumetazoa), subclasse (Theria), infraclasse (Eutheria ou Placentallia), subordem (Haplorrhini), infraordem (Simiformes) e superfamília (Hominoidea).

[3] A família Hominidae inclui a subfamília Homininae e a subfamília Ponginae (onde se enquadram os orangotangos)

[4] A subfamília Homininae pode subdividir-se em duas tribos: Gorillini (gorilas) e Hominini (chimpanzés e humanos).

[5] O gênero *Homo* contém diversas espécies, todas extintas, com exceção do *Homo sapiens*, entre elas o conhecido homem de Neanderthal (*Homo neanderthalensis*).

[6] Em seu livro *Deus na Natureza*, disse: "Descenda, pois, de uma ou de outra fonte o nosso corpo, isso em nada nos afeta a alma. O mundo da inteligência não é o mundo da matéria".

da por muitos defensores do criacionismo que persistem em aceitar a figura bíblica de Adão e Eva em seu sentido literal. A aparente contradição entre a ciência e o Antigo Testamento é fruto de uma má interpretação da significação da figura simbólica de Adão e Eva, que se bem estudada representa uma verdadeira aula sobre a origem do homem na Terra e sobre o "elo perdido" entre animais e homens.

Pesquisando, encontrei algumas origens possíveis para o nome de Adão, entre elas o hebraico *adamah*, que significa solo vermelho, terra fértil ou arável, **Adam**, que significa homem, e do assírio *adamu*, que significa criar. A própria origem da palavra homem deriva de *homo* e relaciona-se com terra, barro, **humus**. A própria etimologia da palavra, a alegoria de que tenha sido feito a partir do limo da terra e a afirmação de que saiu do pó e ao pó retornará não deixam de ser elegantes e corretas formas poéticas de expressar a verdade incontestável de que somos feitos do material que um dia foi "poeira das estrelas", ou talvez, seja uma forma de afirmar que os elementos constitutivos dos corpos dos seres vivos, são os mesmos elementos dos materiais inorgânicos que formaram a sopa primordial de onde emergiu a vida, e que a diferença primordial entre ambos é a presença do princípio vital nos seres vivos. No entanto, quando o aspecto a se considerar é o princípio inteligente, o aspecto espiritual, a análise toma um rumo diferente, pois a espiritualidade nos afirma em *O Livro dos Espíri-*

tos[7] que homens e animais retiram da mesma fonte, do "elemento inteligente universal", o princípio inteligente com o qual "constituem" suas "almas". De uma forma elegante, sintética e didática, a espiritualidade nos coloca a origem comum entre homens e animais e também o fato de que o homem surge a partir de uma elaboração (ou evolução) especial que ocorreu em algum momento.

Aplicando estes conceitos à alegoria de Adão e Eva, uma das interpretações possíveis é de que ambos estagiavam em condição animal, sem o estado de uma consciência desperta e o consequente livre-arbítrio que os tornassem responsáveis por seus atos. Viviam assim no "paraíso" sem culpas ou responsabilidades, quando então, em algum momento, ocorreu o despertar da consciência, representado na alegoria pelo fruto do conhecimento, surge a noção de certo e errado e a responsabilidade pelos atos, surge o "pecado" (nesse momento, perceberam que estavam nus) e também o "mérito". Tal interpretação encontra apoio nas palavras de André Luiz[8] que afirma que com o passar dos milênios "da junção das forças sensitivas e vegetativas, o centro coronário, entrosando-se com o centro cerebral, permite ao Espírito, já agora equipado de autoescolha, com responsabilidade, pavimentar sua rota evolutiva, rumo a Deus".

---

[7] *O Livro dos Espíritos* – Capítulo XI – Dos três reinos – O animal e o homem – questão 606.

[8] Em *Evolução em dois mundos*, psicografado por Francisco Cândido Xavier e Waldo Vieira.

Michelangelo provavelmente estava inspirado quando pintou o seu afresco no teto da Capela Sistina[9], chamado de "A criação de Adão", onde Deus aparece rodeado de "anjos", mantos, panos e demais elementos que desenham a imagem um cérebro humano. Na pintura, Adão já se encontra vivo, com os olhos abertos e erguendo seu braço em direção ao Criador, sugerindo que, no momento da criação, Deus transmite ao homem o intelecto[10]. De certa forma, o conceito quebra as barreiras de espécie entre homens e animais, marcando o início do período hominal pelo despertar da consciência em vez da origem do corpo, que é animal e que já se encontrava vivo.

Figura 4 – "A Criação de Adão", de Michelangelo, onde Deus parece estar dentro de um corte sagital de um crânio.

[9] Em seus afrescos na Capela Sistina, Michelângelo deixou representadas de maneira implícita as mais diversas partes da anatomia humana, como uma verdadeira homenagem a esta maravilhosa máquina criada por Deus que é o corpo humano.

[10] A tese sobre a pintura de Michelângelo é de Franck Meshberger e é citada por Irvênia Prada, médica veterinária e pesquisadora da neuroanatomia comparada, em seu livro *A questão espiritual dos animais*.

Encontramos também na mitologia grega um pensamento muito semelhante à alegoria de Adão e Eva, quando estudamos o mito de Prometeu. Segundo Hesíodo[11], Prometeu teria roubado o fogo de Zeus e devolvido aos homens, e, enfurecido, Zeus condenou Prometeu a permanecer acorrentado a um rochedo no Cáucaso, tendo o seu fígado devorado por uma águia de longas asas todos os dias. Como era um titã e, portanto, imortal, seu fígado crescia novamente para ser devorado no dia seguinte. Zeus também enviou aos homens Pandora[12], a primeira mulher, feita a partir da terra por Hefesto. Pandora teria sido a responsável por abrir a jarra ou "caixa de Pandora" que libertou os males da humanidade, e, quando se deu conta do erro, tentou fechar a caixa, mas deixou aprisionada lá dentro apenas a esperança.

Várias semelhanças e paralelos podem ser estabelecidos entre Adão e Eva e o mito de Prometeu, além do fato óbvio de Pandora ter sido plasmada a partir da terra[13], que reflete nossa origem material a partir da matéria-prima que se encontra no mundo inorgânico. Podemos entender que o roubo do fogo representa a conquista pelo homem do conhecimento e do poder, das possibilidades

---

[11] Poeta épico grego do fim do século VIII a.C.
[12] Pandora não é citada por Ésquilo em *Prometeu acorrentado*.
[13] Hesíodo, em *Teogonia*, diz que "plasmou-a da terra o ínclito Pés-tortos como virgem pudente", e em *O trabalho e os dias*, diz que "ordenou ao ínclito Hefesto muito velozmente terra à água misturar e aí pôr humana voz e força, e assemelhar de rosto às deusas imortais esta bela e deleitável forma de virgem".

que este conhecimento traz e com isto nascia a responsabilidade pelos atos e o livre-arbítrio, simbolizado em Pandora, que, movida pela curiosidade, abriu a tampa de sua caixa, assim como Adão e Eva se permitiram comer o fruto do conhecimento, e a partir daí surgiram as escolhas e as responsabilidades por elas. Nas palavras de Ésquilo: "Roubou o fogo, teu atributo precioso fator das criações do gênio, para transmiti-lo aos mortais![14]", ou seja, transmitiu-se o gênio, a inteligência ou, se quisermos, o discernimento. O fogo no mito de Prometeu representaria o fruto do conhecimento de Adão e Eva.

Neste momento, permito-me fazer um adendo sem relação direta com o texto, mas que julgo ser uma curiosidade interessante, considerando que o assunto central do livro são os animais. Ainda segundo Hesíodo, Prometeu teria sido libertado por Hércules, que teria intercedido junto a Zeus para libertá-lo, oferecendo em troca a imortalidade do centauro Quirão. O centauro sofria de dores imensas após ser atingido por uma flecha envenenada e desejava morrer para pôr fim ao seu sofrimento, então, abriu mão de sua imortalidade em favor da libertação de Prometeu. Quirão é considerado pela classe veterinária como o Deus mitológico grego da Medicina Veterinária, e teria sido o mestre e preceptor de Asclé-

---

[14] Em outro trecho, Ésquilo vai mais adiante e caracteriza o fogo como fogo celeste, o mestre que ensinará muitas ciências e artes aos homens.

pios[15] (Deus mitológico da medicina humana), que, por sua vez, era pai de Higia (Deusa da Higiene). Interessante a ligação que se fazia entre medicina, saúde e higiene, e é uma pena que tenhamos atravessado a Idade Média negligenciando a íntima ligação entre estes conceitos.

A mitologia nos traz o conceito de que humanos e animais não são diferentes nem mesmo quando se trata de recuperar e tratar a saúde, insinuando que: quem ensinou medicina a Asclépios foi um veterinário (Quirão), que se dedicava aos animais vetustos (velhos), pois eram aqueles que mais necessitavam de seus cuidados, daí a origem da palavra veterinário.

Mitologia à parte, voltemos à doutrina espírita. Outra interpretação possível para a alegoria é que Adão e Eva[16] e a queda do paraíso seriam a lembrança dos espíritos degredados na paisagem obscura da Terra. Enquanto a conquista do conhecimento foi simbolizada no fruto do conhecimento, representando o desenvolvimento gerado pelos muitos saberes destes recém-chegados, os exilados de Capela, também guardavam em seu íntimo a noção de um "paraíso perdido localizado nos firmamentos distantes".

---

[15] Esculápio para os romanos.
[16] Segundo Emmanuel em *A caminho da Luz* – Capítulo II – A vida organizada – Os antepassados do homem, e Capítulo III – As raças adâmicas – Espíritos exilados na Terra.

Evolução dos corpos materiais

> Por pouco que se observe a escala dos seres vivos, do ponto de vista do organismo, é-se forçado a reconhecer que, desde o líquen até a árvore e desde o zoófito até o homem, há uma cadeia que se eleva gradativamente, sem solução de continuidade e cujos anéis todos têm um ponto de contato com o anel precedente. Acompanhando-se passo a passo a série dos seres, dir-se-ia que cada espécie é um aperfeiçoamento, uma transformação da espécie imediatamente inferior. Visto que são idênticas às dos outros corpos as condições do corpo do homem, química e constitucionalmente; visto que ele nasce, vive e morre da mesma maneira, também nas mesmas condições que os outros se há de ele ter formado.
>
> A Gênese[1]

A origem em comum de homens e animais é a base teórica primordial da ciência chamada de filogenética, um ramo do conhecimento humano que realiza um estudo comparativo entre as diversas espécies animais, suas famílias, classes e filos e assim nos permite identificar ou ao menos supor quais foram os caminhos evolutivos percorridos desde as espécies mais simples até as mais complexas, culminando com o homem. Juntamente com

---

[1] Capítulo X – Gênese Orgânica –O homem corpóreo, item 30.

a arqueologia, paleontologia, geologia e outras ciências permite ao homem sondar de forma científica o seu passado como espécie animal e sua trajetória até os dias atuais, assim como a evolução de nossa casa (o planeta Terra) e dos ecossistemas que nela existiram. O conjunto dos conhecimentos acumulados por estas ciências nos permite afirmar com toda a certeza que o pensamento criacionista[2] é um equívoco e consagra a origem comum de todos os seres vivos em nosso planeta.

Não é minha intenção me aprofundar tecnicamente neste assunto para não tornar o capítulo tedioso para o leitor que não atua na área das ciências da vida, mas, para quem desejar se aprofundar no assunto, considero como leituras indispensáveis os livros da doutora Irvênia Prada, especialmente o intitulado *A questão espiritual dos animais*, que em seu capítulo "O pensamento dos animais" discute magistralmente a questão da filogênese e da ontogênese[3] do sistema nervoso (acompanhados de subsídios encontrados na literatura espírita) e também o livro *Deus na Natureza*, no qual Camille Flammarion também discorre sobre a ontogênese como uma evidência da lei do progresso, explicando que as formas inter-

---

[2] Corrente de pensamento ligada a algumas correntes religiosas que defende a criação por Deus das espécies animais tais quais elas se apresentam hoje, ou seja, negam a evolução das espécies e a origem comum de diferentes seres vivos.

[3] Ontogênese, segundo os dicionários, é o estudo das séries de transformações por que passa o indivíduo desde sua origem, como ovo, passando pelo embrião, feto até o seu completo desenvolvimento.

mediárias encontradas durante a formação do embrião humano e que lembram os animais inferiores na escala zoológica, como, por exemplo, a presença durante um estágio de desenvolvimento do embrião humano de arcos branquiais, são a evidência de que estas supostas "anomalias" na verdade "integram de si mesmas no plano geral, cuja lei de progresso é princípio e fim". Gabriel Dellane, na conclusão de *A evolução anímica*, desenvolve ainda mais este raciocínio e afirma ainda que a explicação de a ontogênese recapitular a filogênese seria o fato de que ao chegar à humanidade o espírito teria já fixado em seu perispírito "em forma de leis, de linhas de força, os estados sucessivamente percorridos". André Luiz[4] afirma que os trabalhos de descendência e de seleção operam-se nos dois planos (material e espiritual) e que, além da gênese das formas, há também uma genealogia do espírito.

Uma origem comum que nos traz importantes questões filosóficas com implicações em nosso cotidiano e que fazem desmoronar as barreiras impostas por classificações didáticas que ilusoriamente separam ou tentam separar o homem do restante da natureza. Como Darwin[5] afirmou: "afinidade, parentesco, comunhão,

---

[4] Em *Evolução em dois mundos* – Capítulo 6 – Evolução e sexo – Genealogia do espírito.

[5] Segundo o livro *O aspecto científico do sobrenatural*, Darwin e Wallace trocaram correspondências sobre suas teorias desde 1855, e as ideias de ambos foram apresentadas no mesmo encontro em 1858 na Linnean

tipo, paternidade, morfologia, caracteres de adaptação, órgãos rudimentares e atrofiados deixarão de ser metáforas e adquirirão um sentido absoluto", basta que reflitamos um pouco a respeito do assunto com um "olhar espiritual".

Coautor da teoria da seleção natural, o britânico Alfred Russel Wallace[6] chegou, simultaneamente, às mesmas conclusões de Darwin. Wallace não recebeu o devido reconhecimento da comunidade científica e seu merecido lugar na história, talvez por obra do preconceito, que muitas vezes a ciência nutriu pela questão religiosa, e em algumas ocasiões ainda nutre. Wallace, que foi contemporâneo de Kardec, converteu-se ao espiritismo em 1865 e foi autor de obras como: *O aspecto científico do sobrenatural* e *Milagres e o espiritualismo moderno*, além da vasta produção científica, e, apesar de realizar um trabalho tão brilhante quanto o de Darwin, teve negado o seu merecido papel nos anais da ciência.

Quando observamos o exemplo de formas intermediárias de vida, de difícil classificação, como micoplas-

---

Society. O trabalho de Wallace, que foi apresentado por um naturalista envolvido no evento, pois ele se encontrava no arquipélago Malaio, denominava-se *Sobre a tendência das variedades de se afastar indefinidamente do tipo original*. Também, o próprio Darwin reconhece a origem simultânea na introdução de seu livro *A origem das espécies* (1859) – no Capítulo XV – Recapitulações e considerações.

[6] É atribuída a ele a seguinte frase: "Eu era um materialista tão convencido, que não admitia absolutamente a existência do mundo espiritual. Os fatos, porém, são coisas pertinazes. Eles me obrigam a aceitá-los como fatos".

mas, zoófitos e rickéttsias, temos a certeza de que as classificações e divisões criadas pelos homens são apenas recursos didáticos que facilitam o estudo, mas não correspondem inteira e exatamente à realidade dos fatos. Esta evolução gradativa fica mais evidente ainda se analisamos o conceito de vida e em que ponto ela se inicia, e, quando consideramos o caso de vírus[7] e príons[8], nos deparamos com uma enorme dificuldade, inclusive em decidir se são seres vivos ou não, dependendo dos critérios que utilizamos.

O espiritismo, de mãos dadas com os dados científicos, reconhece esta origem comum de homens e animais através dos mecanismos da evolução das espécies, tão brilhantemente propostos por Charles Darwin e Alfred Russel Walace, perfeitamente de acordo com o axioma *"Natura non facit saltum"*[9], sempre partindo do mais simples em direção ao mais complexo. Na lei de seleção natural, a pressão pela sobrevivência do ser mais perfeito representa a inexorável lei de progresso aplicada aos corpos materiais. Severino Barbosa, em seu livro *Conheça a alma dos animais*, expressa de forma muito elegante

---

[7] Vírus são partículas de material genético RNA ou DNA, envelopados ou não, inertes e sem vida, que uma vez dentro de uma célula adquirem a capacidade de criar cópias de si mesmo e sujeitos à evolução e mutação de seu material genético.

[8] Proteínas que possuem a capacidade de criar cópias de si mesmas (se reproduzir). Alguns príons causam doenças, como, por exemplo, o mal da vaca louca.

[9] Do latim: A natureza não dá saltos.

a conciliação entre a inegável seleção natural e o aspecto espiritual envolvido, quando afirma: "Nós, humanos, somos a síntese da seleção natural de todas as formas de seres vivos do planeta. Somos a obra-prima da Criação de Deus".

Mas o conhecimento espírita possui ainda contribuições a dar quando consideramos na evolução dos corpos materiais o fator espiritual envolvido. Gabriel Dellane, em *A evolução anímica*, nos diz que a única explicação para a estabilidade dos organismos, mesmo possuindo uma constante renovação de suas moléculas, é a "memória orgânica" que é fornecida pelo perispírito. Dellane afirma que a matéria por si é inerte e passiva e, da mesma forma que o magnetismo de um ímã, atua sobre a limalha de ferro produzindo um desenho de acordo com a atuação de suas linhas de força, o perispírito atua sobre a matéria fornecendo o molde, as linhas de força, ou uma tela fluídica sobre a qual a matéria se organiza, e afirma textualmente que "o perispírito é, portanto, fator direto do progresso animal". Partindo-se destas premissas, podemos afirmar que a "mutação" a ser selecionada pela sobrevivência e seleção do mais apto ocorre primeiramente no perispírito, na fôrma do animal. Desta forma, permanecem inalteradas as leis da genética e podemos supor que as mutações genéticas, fornecendo uma enorme gama de variações aleatórias, seriam o celeiro de possibilidades das quais se serve o elemento espiritual, quando à procura da melhor oportunidade possível de evolução encontra os genes que melhor expressam suas potencialidades e necessidades. Se prosseguirmos, chegaremos à conclusão de que a causa primária da evolução está no espírito, de acordo com o que nos diz Ernesto Bozzano[10]:

> É, por acaso, anticientífico supor que a evolução biológica da espécie, ilustrada pela Ciência, seja governada por uma evolução correspondente e paralela do Espírito, que se individualizaria gradativa e lentamente, adquirindo uma consciência de si mesmo cada vez mais forte, graças à acumulação de uma série de experiências adquiridas na transição através de uma infinidade de existências vegetais, animais e humanas?
>
> As leis biológicas da "seleção natural", da "sobrevivência do mais capaz" e da "influência do meio" são apenas os acessórios mais indispensáveis para esta evolução; entretanto, a verdadeira causa da evolução dos seres vivos é interior e chama-se "Espírito".

---

[10] Dois trechos do último capítulo, intitulado Conclusões – À espera do veredicto da Ciência –, do livro *A alma nos animais*.

O *DESIGN* INTELIGENTE

Só a inteligência consegue traçar linhas inteligentes.

André Luiz[1]

Uma adaptação ou, como alguns querem, uma evolução do pensamento criacionista surgida nos Estados Unidos da América originou a teoria do *design* inteligente. Seus defensores propõem que a evolução das espécies apresenta algumas vezes exemplos inexplicáveis de serem obtidos por uma seleção de características ao acaso agindo sobre variações ocorridas também ao acaso. O grande argumento da teoria repousa no conceito de "complexidade irredutível" de alguns órgãos de formação complexa como o olho, ou sistemas altamente complexos como a cascata de coagulação sanguínea. Alegam que pequenas e progressivas alterações aleatórias destas estruturas não teriam utilidade prática e não representariam vantagem evolutiva a ser selecionada sem o passo evolutivo seguinte, e, portanto, a seleção natural falharia na explicação de seu surgimento. Utilizam analogias

---

[1] Em *Evolução em dois mundos*, no capítulo 7 – Evolução e hereditariedade – Princípio inteligente e hereditariedade.

como a construção de um relógio, onde o aparecimento de uma engrenagem por si só não é vantajosa a menos que o mecanismo integral do relógio esteja pronto.

Descartada completamente a ilógica ideia do criacionismo, fica-se no meio do embate entre seleção natural e *design* inteligente. Atualmente, a ciência já conseguiu derrubar todos os argumentos[2] dos defensores do *design* inteligente e considera a teoria como pseudociência, ou uma forma de criacionismo disfarçado.

Em *Deus na Natureza*, Camille Flammarion afirma ser necessário admitir a existência de um poder inteligente, mas que este poder inteligente é a seleção natural. Flammarion diz ainda que, se a formação dos seres é dirigida por uma força natural, isto de forma alguma prova a inexistência de Deus, e vai mais longe dizendo que, assim sendo, Deus vem se revelar não como a mão do pedreiro que toca diretamente o material, mas como o arquiteto que planeja a obra, e que nem por isto se diminui a grandeza do Criador.

O pensamento de Flammarion possui uma aparente contradição, pois, se por um lado a seleção natural é a teoria mais aceitável e aceita por ele, por outro a existência de um arquiteto parece pressupor em última análise o *design* inteligente. Consideremos a descoberta

---

[2] No caso dos olhos, por exemplo, conseguiu demonstrar a existência de uma infinidade de formas intermediárias de aparelhos oculares.

de Einstein da relatividade do tempo[3] e a contradição começa a desmoronar, pensemos que passado e futuro existem para nós, seres sujeitos ao tempo e à medida, mas para Deus que é eterno e imaterial tais parâmetros não se aplicam. Uma interessante teoria a respeito na onisciência de Deus é encontrada na biografia de Einstein escrita por Jürgen Neffe, onde é citado o livro do escritor Berlinense Felix Eberty, chamado *Os astros e a História do Universo* e que teve sua segunda edição prefaciada pelo próprio Einstein. A teoria de Felix leva em conta que a luz demora certo tempo para atravessar longas distâncias e, portanto, ao chegar a um observador distante, este observador vê uma luz, uma imagem, que foi emitida num tempo passado, ou seja, por mais estranho que possa ser, o céu que observamos hoje é na verdade a imagem de um tempo passado. Consideremos ainda que esta "mesma luz" demore ainda mais para chegar a um observador ainda mais distante e que, depois deste tempo a mais, este segundo observador verá a luz emitida no mesmo instante que o primeiro observador viu em um tempo passado. Podemos dizer assim que o "instante", aquele "segundo", viajou com a luz! (o que Einstein afirmou quando formulou sua

---

[3] A relatividade do tempo não é apenas teoria, é uma realidade provada pela ciência com aplicações práticas em cálculos astronômicos e uma aplicação prática em nosso cotidiano que muitos de nós usamos diariamente sem suspeitar, o GPS. O sistema de posicionamento global leva em consideração a diferença de tempo ocasionada por um satélite em movimento, para que a posição indicada não seja inexata.

teoria da relatividade restrita, relativizando o tempo). Felix prossegue afirmando:

"No número infinitamente grande de estrelas fixas espalhadas no Universo, poderá ser indubitavelmente encontrada, para cada número de anos contados retroativamente, uma estrela que neste momento esteja vendo como tempo presente uma época passada da nossa Terra..." A onisciência de Deus sobre coisas passadas recebe de repente algo como uma explicação natural possível, "Pois se imaginarmos o olhar de Deus presente em todos os pontos do espaço, então todo o percurso da história universal chegará até Ele ao mesmo tempo e de uma só vez".

Segundo Francis S. Collins: "Se Deus existe, deve se encontrar fora do mundo natural e, portanto, os instrumentos científicos não são as ferramentas certas para aprender sobre Ele". Sabendo que o Universo e a natureza são criações de Deus, chegamos à conclusão óbvia de que Criador é supranatural (está fora da natureza, pois que ela é sua criação) e atemporal, afinal, criação e criador não podem ser confundidos e não são a mesma coisa, caso contrário, enveredamos na senda do panteísmo.

Teorias, divagações e hipóteses à parte, falíveis e reformáveis à medida que o conhecimento humano progride, não será melhor aceitar que Deus em sua infinita sabedoria estabeleceu leis naturais perfeitas, tendo a presciência do resultado das leis estabelecidas?

Falta à ciência "apenas" incluir em seus sistemas o

elemento espiritual, que em nada contradiz as descobertas científicas, muito pelo contrário, a espiritualidade age sempre de acordo e através destas leis naturais. O elemento espiritual é, na verdade, mais uma destas leis visando sempre ao progresso, e é desta forma que devemos entender a informação que a espiritualidade vem nos trazer sobre os engenheiros siderais e que André Luiz sintetizou na frase citada no início deste capítulo. Segundo Emmanuel[4], todas as formas da natureza foram estudadas e previstas, manipuladas para se adaptarem às condições físicas do planeta, segundo as possibilidades do ambiente terrestre, considerando as leis do princípio e do desenvolvimento geral. Foram "os artistas da espiritualidade" que edificaram "o mundo das células iniciando, nos dias primevos, a construção das formas organizadas e inteligentes dos séculos porvindouros".

---

[4] *A caminho da Luz* – Capítulo 2 – A vida organizada – As construções celulares.

A PINEAL

> No exercício mediúnico de qualquer modalidade, a epífise desempenha o papel mais importante. Através de suas forças equilibradas, a mente humana intensifica o poder de emissão e recepção de raios peculiares à nossa esfera. É nela, na epífise, que reside o sentido novo dos homens; entretanto, na grande maioria deles, a potência divina dorme embrionária.
>
> André Luiz[1]

A evolução e função da glândula pineal é um dos exemplos de como o livro da mãe natureza, através do estudo dos nossos irmãos animais, nos permite sondar ao menos parte dos porquês e dos caminhos que a vida segue. É um assunto muito comumente citado e discutido no meio espírita e que suscita muita curiosidade, merecendo uma atenção mais detalhada.

Já na época dos Vedas, há registros sobre o Deus Shiva[2] representado com um terceiro olho localizado na sua testa entre as sobrancelhas, na altura aproximada do

---

[1] Alexandre em explicação para André Luiz em *Missionários da Luz* – Capítulo 1 – O psicógrafo.

[2] Representações datadas pelos estudiosos como de aproximadamente 3.000 a.C.

crânio, onde se localiza a pineal. Na tradição hinduísta a pineal está ligada à capacidade intuitiva e uma forma de percepção sutil. Crença semelhante é registrada em outros povos e em diversas épocas, por exemplo: o Deus Erlang Shen da mitologia chinesa é representado com um terceiro olho na testa, o terceiro olho de Buda e de forma simbólica no olho de Hórus dos egípcios.

A primeira descrição da medicina sobre pineal se deve a dois alunos da escola de medicina de Alexandria[3], Herófilo da Calcedônia[4] e Erasístrato de Iulis[5], ambos consideravam-na como uma espécie de válvula que regularia o fluxo dos espíritos ou pneuma, através dos ventrículos encefálicos, teoria refutada por Galeno, que provou que a sua localização é externa ao sistema ventricular[6]. René Descartes a considerou como a sede da alma no cérebro humano[7], e somente em 1898, o pediatra alemão, Otto Heubner, a considerou com a função glandular atualmente aceita pela medicina.

Para as ciências médicas, a epífise neural, glândula

---

[3] Que durante os reinados de Ptolomeu I e Ptolomeu II tiveram a oportunidade de por 40 anos dissecar corpos humanos, a maioria de prisioneiros, com a autorização real.

[4] Viveu entre 335-280 a.C. considerado o "Pai da Anatomia". Descreveu diversos órgãos e suas funções.

[5] Também chamado de Erasístrato de Chio, que viveu entre 310 e 250 a.C.

[6] E propôs uma função linfática para a pineal, visto que sua posição anatômica tornava impossível a teoria anterior.

[7] No século XVII, em seu livro *De l'Homme*. Descartes viveu entre 1596 e 1650.

pineal ou simplesmente pineal é uma pequena estrutura mediana pertencente ao epitálamo[8] localizada aproximadamente no centro do cérebro, entre os dois hemisférios, acima do aqueduto mesencefálico e abaixo do esplênio do corpo caloso na parte posterior do terceiro ventrículo, visualizada com certa frequência em radiografias simples de crânio[9], e possui um formato aproximado de uma pinha e deriva daí o seu nome.

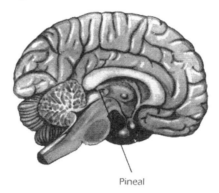

Pineal

Figura 5 – Corte sagital do encéfalo humano

Funcionalmente, trata-se de uma glândula endócrina cujo hormônio chamado melatonina tem sua produção estimulada pela escuridão e inibida pela luz e, desta forma, relaciona-se com a sincronização dos ritmos do organismo aos ciclos de claro-escuros[10] na natureza[11]. A

---

[8] Parte superior e posterior do diencéfalo.
[9] Devido à sua alta incidência de calcificação
[10] Por isso, cogitou-se seu uso para combater os efeitos negativos do Jet lag, mal-estar provocado pelas diferenças de fuso horário em viagens.
[11] São os ciclos naturais baseados na incidência luminosa, como o ciclo

melatonina atua sobre outras estruturas como o hipotálamo e a glândula hipófise, e assim possui um controle indireto sobre o comportamento animal, termorregulação e também nos ciclos reprodutivos[12], apoiando as informações do benfeitor Alexandre para André Luiz[13], que afirma que a pineal mantém uma ascendência sobre todo o sistema glandular endócrino, e ilustra sua afirmação com o exemplo das glândulas genitais:

> Acham-se absolutamente controladas pelo potencial magnético de que a epífise é a fonte fundamental. As glândulas genitais segregam os hormônios do sexo, mas a glândula pineal, se me posso exprimir assim, segrega "hormônios psíquicos" ou "unidades-força" que vão atuar, de maneira positiva, nas energias geradoras. Os cromossomos da bolsa seminal não lhe escapam a influenciação absoluta e determinada.

Seus rudimentos aparecem na escala evolutiva a partir dos peixes[14], e nos vertebrados inferiores é formada

---

circadiano (dia/noite), relacionado aos ciclos de vigília e sono, estações do ano influenciando ciclos reprodutivos etc.

[12] A atuação sobre a reprodução fica evidente em casos de tumores de pineal que causam puberdade precoce.

[13] Em *Missionários da Luz* no capítulo 2 – A epífise.

[14] Nas salamandras, serpentes, tartarugas e aves, coexiste com o chamado órgão parapineal, o qual desaparece completamente em mamíferos.

por duas partes distintas ímpares e medianas conectadas[15] entre si, internamente, a pineal propriamente dita e superficialmente[16] o órgão parietal (parapineal), com função sensorial e histologicamente semelhante à retina[17]. Em alguns animais, podemos visualizar um indício desta evolução representado pela presença na região parietal de uma espécie de olho mediano entre os dois olhos laterais, como no caso da tuatara[18], em alguns outros lagartos e também nos peixes da classe Agnatha (peixes sem mandíbulas, como as lampreias). Outro exemplo são tubarões e alguns anfíbios (rãs), onde a pineal, apesar de não se abrir ao exterior, ainda se apresenta fotossensível.[19]

André Luiz, no capítulo 9 de *Evolução em dois mundos* que aborda a questão da evolução e cérebro, faz um interessante relato sobre a tuatara com a descrição de

---

[15] Através de fibras nervosas.

[16] Em nível extracraniano.

[17] Possui tecidos semelhantes a fotorreceptores das células da retina.

[18] A tuatara, um verdadeiro "fóssil vivo", é endêmica em algumas ilhas na Nova Zelândia. Fósseis de dinossauros também evidenciam um forame parietal bem desenvolvido, onde estaria localizado um órgão pineal.

[19] Segundo o livro *Grays anatomia*, em termos embriológicos, a glândula pineal se origina de uma evaginação oca a partir da placa do teto, imediatamente adjacente ao mesencéfalo, com sua parte mais distal se tornando sólida devido à proliferação celular e sua parte mais proximal permanecendo oca e formando o recesso pineal do terceiro ventrículo, ainda segundo o mesmo livro, em muitos répteis esta evaginação pineal consiste em uma evaginação rostral (órgão parapineal) que se desenvolve na pineal ou no olho pineal e uma evaginação glandular caudal (homóloga à glândula pineal na espécie humana). A evaginação rostral também se desenvolve no embrião humano, mas logo desaparece por completo.

sua pineal e falando sobre a importância futura desta glândula:

>...o centro coronário do psicossoma futuro, a refletir-se na glândula pineal, já razoavelmente plasmada em alguns lacertídeos, qual o rincocéfalo[20] da Nova Zelândia, em que a epífise embrionária se prolonga até a região parietal, aí assumindo a feição de um olho com implementos característicos.

Figura 6 – À esquerda uma tuatara com olho pineal evidente e à direita o órgão frontal em um sapo. Fotografias retiradas da internet.

A evolução da glândula pineal pode também nos ajudar a entender a evolução do olho humano, que durante muito tempo foi motivo de disputas entre evolucionistas e defensores do *design* inteligente ou do criacionismo[21]. E

---

[20] Ordem de répteis primitivos, originados no Triássico, cuja única espécie ainda viva é a tuatara.
[21] Ver capítulo sobre o *design* inteligente.

a pista que parece ser decisiva para esta compreensão está nos olhos dos peixes-bruxa, que apresentam o tecido de sua retina extremamente parecido com o tecido da glândula pineal, o que parece insinuar uma origem tecidual muito próxima de ambos ou demonstra ao menos que foram estruturas diversas que surgiram cumprindo função semelhante.

Então, poderíamos dizer que a pineal e o órgão parapineal dos vertebrados inferiores evoluíram nos vertebrados superiores no sentido de perder gradualmente sua capacidade fotossensível ao mesmo tempo em que originava uma estrutura glandular única e central. Enquanto que, para responder à necessidade evolutiva de um melhor equipamento, não apenas fotossensível, mas também visual, desenvolveram-se dois globos oculares (olhos do tipo câmera) que, além de possuir uma função visual propriamente dita, também passaram a captar e encaminhar a informação luminosa até a pineal através de tratos nervosos específicos, onde a informação é utilizada para regular o ciclo circadiano, ou seja, o relógio biológico, os ciclos de dia-noite, estações do ano[22] etc. Desta forma, a pineal "pôde" se internalizar no crânio, perdendo a sua fotossensibilidade e dedicando-se exclusivamente às suas demais funções.

Uma hipótese a que se pode chegar estudando a

---

[22] Quanto maior o período de luz no dia, provavelmente estaremos no verão, e vice-versa.

evolução da pineal, os estudos da evolução do olho e os olhos do peixe-bruxa, é a de que os globos oculares podem ter surgido inicialmente como um órgão fotossensível, mas não visual, assim como parece ter ocorrido com as estruturas que deram origem à pineal.

A perda da função fotossensível original da pineal e sua especialização em um órgão glandular descarta a hipótese de que seja um órgão em involução ou residual, a exemplo do que se falava antigamente sobre o apêndice, e aponta para a evolução em uma nova direção evolutiva e, assim como disse Alexandre[23] a André Luiz, "não se trata de um órgão morto segundo velhas suposições" sendo, na verdade, a glândula da vida mental.

A representação ou citação da pineal como um "terceiro olho" em povos e culturas de épocas remotas, mesmo com insuficientes conhecimentos sobre neuroanatomia e filogenética, são uma prova de que a humanidade sempre contou com a assistência da espiritualidade. Pois, quando a ciência oficial da época não era capaz de ofertar estes conhecimentos, qual seria a possível origem da informação a não ser a inspiração de nossos amigos invisíveis ou o conhecimento previamente adquirido por nós?

Se esta teoria evolutiva da pineal estiver correta, podemos afirmar que, em sentido literal, a pineal não é o terceiro olho, mas as primeiras estruturas fotossensíveis de nosso passado evolutivo, já não mais com função vi-

---

[23] *Missionários da luz* – Capítulo 2 – A epífise.

sual e fundidos em uma só estrutura mediana e que por ora a ciência oficial aceita como uma glândula endócrina. Em sentido mais poético e metafórico, poderíamos dizer que são os nossos primeiros e originais olhos, já desprovidos da função visual, mas agora ligados às funções espirituais.

A psicografia de Chico Xavier nos traz a informação de que a pineal é um órgão capaz de captar ondas eletromagnéticas mais sutis e diferentes da onda luz, assim como na citação transcrita no início deste capítulo se fala em raios de natureza particular. Lembrando que a luz comum captada por nossos olhos também é uma onda eletromagnética, podemos ver que a origem da pineal em um primitivo órgão visual foi um ensaio para sua utilidade futura, tudo dentro do planejamento divino e ocorrendo progressivamente e sem saltos, como tudo na natureza.

Lembrando sempre de não supervalorizar as estruturas físicas de nosso organismo, o cérebro e a pineal são "apenas" instrumentos de expressão do espírito, são como o aparelho de televisão e sua antena, que se não receber o sinal através da emissora de televisão (espírito) não possuem utilidade prática.

Aspectos espirituais

ANIMAIS TÊM ESPÍRITO?

Os animais dividem conosco o privilégio de terem uma alma.

Pitágoras

É também uma alma, se quiserdes, dependendo isto do sentido que se der a esta palavra, mas é inferior à do homem. Entre a alma dos animais e a do homem há tanta distância quanto à que existe entre a alma do homem e Deus.

O Livro dos Espíritos[1]

SIM, os animais têm espírito! A afirmação é solidamente embasada em diversos trechos da codificação espírita, que em diversos momentos aborda a questão da alma dos animais, principalmente em *O Livro dos Espí-*

---

[1] *O Livro dos Espíritos* – Capítulo XI – Dos três reinos – Os animais e o homem – questão 597, item a.

ritos e em *A Gênese*. *O Livro dos Espíritos*[2] nos esclarece ainda que, como não podia ser diferente, a origem do princípio espiritual do qual é dotada a "alma de natureza especial" dos animais é a mesma que a nossa, ou seja, do elemento inteligente universal, ressaltando "apenas" que no homem a inteligência teria passado por uma elaboração que nos coloca acima do animal.

Em diversas obras psicografadas por Chico Xavier, principalmente nos livros de André Luiz, observamos citações que não deixam dúvidas sobre a existência de um espírito animal. Considero como exemplo mais representativo um trecho de *Evolução em dois mundos*[3], em que afirma que os animais após a morte se encontram incapacitados de "manobrar os órgãos do aparelho psicossomático que lhes é característico, por ausência de substância mental consciente". Também relata que aqueles que não são aproveitados na Espiritualidade em serviço por algum período de tempo, quase sempre caem de imediato em profunda letargia, semelhante à hibernação, sofrendo quase sempre uma reencarnação automática. Mas prestemos atenção ao fato de que André Luiz falou "QUASE sempre".

Mas então por que a questão ainda é tão discutida? Por que é tema de tantos livros e capítulos? A resposta é simples e tem relação direta com o orgulho e o preconcei-

---

[2] *O Livro dos Espíritos* – Capítulo XI – Dos três reinos – Os animais e o homem – questão 606.

[3] No Capítulo 12 – Alma e desencarnação – Metamorfose e desencarnação.

to que ainda não eliminamos de nós, um orgulho que nos levou a pensar, por exemplo, que a Terra fosse o centro ao redor do qual todo o Universo se organizava e que também gerou uma imagem de Deus antropomórfica, como um homem idoso com uma longa barba branca sentado em um trono. O mesmo orgulho nos impediu de ver a óbvia origem comum entre homens e animais, mesmo diante das evidências fósseis que a arqueologia nos fornecia, e este mesmo pensamento ainda nos torna difícil admitir que nossos irmãos animais possuam um princípio espiritual. Depois de vencermos uma das barreiras do orgulho, admitindo a origem material em comum, ainda resistimos inconscientemente a admitir a origem espiritual comum, assim como o orgulho dos homens fez tempos atrás discutir-se se mulheres tinham ou não espírito[4].

Analisando com isenção e desapaixonadamente, como nos recomenda o raciocínio e o bom-senso, somos forçados a reconhecer que alguns animais possuem respostas a estímulos e situações que ultrapassam os limites do puro e simples instinto. Instinto que Camille Flammarion definiu como sendo ações inatas de impulsão íntima, à revelia de instrução (sem conhecimento), sem apreensão, inconsciente de seus motivos e resulta-

---

[4] Durante a pesquisa de preparação de uma palestra por ocasião do Dia das Mães na SE Bezerra de Menezes em Canela, intitulada "As mulheres na doutrina espírita", me deparei com um artigo de Kardec chamado "As mulheres têm alma?", para a *Revista Espírita* de janeiro de 1866, nono ano, tradução de Evandro Noleto Bezerra (FEB).

dos e invariável, sendo em tudo o contrário da inteligência, que é condicional e modificável segundo as circunstâncias, sujeito à experiência e à instrução. Contudo, observamos algumas vezes em animais reações inesperadas e imprevisíveis que muitas vezes contrariam o automatismo do instinto de conservação e preservação de espécie, verdadeiros atos de altruísmo, desenvolvidos a partir do ponto de partida inicial do instinto. Sobre estes extraordinários comportamentos dos animais, Severino Barbosa[5] cita o exemplo de elefantes e hipopótamos perante a morte e cita também o naturalista M. H. Fol, que traz o exemplo dos macacos, que são capazes de esquecer-se do alimento quando entretidos perante um novo desafio ou mecanismo a ser decifrado.

Vejamos o que nos diz a respeito *O Livro dos Espíritos*:

> Podemos dizer que os animais só agem por instinto?
>
> Isso ainda é um sistema. É bem verdade que o instinto domina a maioria dos animais. Mas, não vês que muitos agem com vontade determinada? É que têm inteligência, embora limitada.
>
> ***O Livro dos Espíritos*[6]**

---

[5] No seu livro *Conheça a alma dos animais*.
[6] *O Livro dos Espíritos* – Os três reinos – Os animais e o homem, pergunta 593.

Não há como negar que tais atitudes, são a prova do desenvolvimento de algum grau de inteligência e discernimento que, mesmo para aqueles indivíduos mais céticos, representam ao menos rudimentos de inteligência. Portanto, se conjugarmos a inegável realidade contida no axioma "todo efeito inteligente há de ter uma causa inteligente", citada por duas vezes em *A Gênese*[7], e lembrarmos que os "espíritos são os seres inteligentes da criação", admitindo que somente há inteligência ou efeito inteligente na Criação se for proveniente do princípio inteligente, podemos dizer que sim, os animais possuem espírito, não humano, mas uma forma em evolução.

---

[7] *A Gênese* – Capítulo XI – Gênese espiritual – Princípio espiritual – item 1. Também encontrado *em A Gênese* – Capítulo II – Deus – Existência de Deus – item 3.

Animais no mundo espiritual

Sobrevivendo ao corpo em que habitou, a alma do animal fica num estado errante semelhante ao em que se acha o homem após a morte? Fica numa espécie de erraticidade, já que não está mais unida ao corpo, mas não é um espírito errante. O espírito errante é um ser que pensa e age por sua livre vontade; o dos animais não tem a mesma faculdade. É a consciência de si mesmo que constitui o principal atributo do espírito. Após a morte, o espírito do animal é classificado pelos espíritos que se encarregam dessa tarefa e utilizado quase imediatamente; não dispõe de tempo para se relacionar com outras criaturas.

O Livro dos Espíritos[1]

Admitindo-se a existência de um princípio espiritual em nossos irmãos "inferiores", outra questão surge, exigindo nossa reflexão: existem animais no mundo espiritual? E a resposta da questão 600 de *O Livro dos Espíritos* nos diz que SIM, há animais no mundo espiritual, mas estes não se encontram livres, ou seja, não estão na erraticidade propriamente dita. Contudo, em algumas descrições do mundo espiritual feitas por André Luiz,

---

[1] *O Livro dos Espíritos* – Capítulo XI – Dos três reinos – Os animais e o homem – questão 600

este nos descreve[2] a sua surpresa com a presença de variados animais como "Aves de plumagens policromas" que cruzavam os céus e "animais domésticos, entre as árvores frondosas", o que parece contradizer a resposta de *O Livro dos Espíritos*.

Se nos aprofundamos um pouco mais no assunto, somos obrigados a admitir que em alguns destes casos as "aparições" de animais podem ser criações mentais plasmadas pelos espíritos com algum fim ou utilidade, sejam cães, aves, para ambientação, e até mesmo os estranhos animais que algumas vezes acompanham irmãos menos evoluídos em regiões umbralinas.

Mas é claro que nem todos os casos são de criações mentais, e animais certamente são encontrados no mundo espiritual quando há utilidade para eles[3], notemos bem que a resposta da espiritualidade é "utilizados **quase** imediatamente" e não instantaneamente. Há, pois, aí, um lapso de tempo que a resposta não permitiu medir nem padronizar, portanto, variável de acordo com o caso e a necessidade. A literatura espírita possui inúmeras citações sobre regiões dedicadas ao recebimento dos espíritos destes animais, sua classificação e encaminhamento para nova encarnação, o que está de acordo com a resposta da questão 600 de *O Livro dos Espíritos*, que afirma o papel de espíritos envolvidos neste trabalho de classificação.

---

[2] Em *Nosso Lar* – Capítulo 7 – Explicações de Lísias.

[3] Consultar o capítulo sobre trabalho animal, onde há citações a respeito.

Achei importante incluir neste capítulo algo sobre a zooantropia[4], para evitar mal-entendidos, pois não possui relação alguma com a presença de animais no mundo espiritual. Sabemos que, devido à atuação da vontade sobre a plasticidade do perispírito, os Espíritos possuem a capacidade de se apresentar com a forma que desejarem, e muitas vezes o fazem, sob a aparência de uma encarnação anterior, mais jovem ou mais velho ou da forma como quiserem se fazer conhecer. Pelo mesmo mecanismo, podem se apresentar na forma de animais, para, por exemplo, nos atemorizar e amedrontar. A zooantropia, propriamente dita, ocorre quando, através de um fenômeno de indução hipnótica, uma mente mais poderosa induz sua "vítima" sujeita à consciência culpada, traumas e fraquezas, a acreditar na sugestão e "metamorfosear-se" no objeto da sugestão.

No ímpeto de ódio com que se lança sobre a infeliz, propõe-se humilhá-la, utilizando-se da sugestão. Não fosse o concurso fraternal que veio recolher neste santuário de prece, em transes como este seria vítima integral da licantropia deformante. Muitos espíritos, pervertidos no crime, abusam dos poderes da inteligência, fazendo pesar tigrina crueldade sobre quantos ainda sintonizam com eles pelos débitos do passado. A

---

[4] Sendo o mais citado como exemplo a licantropia.

semelhantes vampiros devemos muitos quadros dolorosos da patologia mental nos manicômios, em que numerosos pacientes, sob intensiva ação hipnótica, imitam costumes, posições e atitudes de animais diversos.

André Luiz [5]

---

[5] *Nos domínios da mediunidade* – Capítulo 23 – Fascinação.

A MENTE E O CÉREBRO

...se o cérebro é um órgão ao serviço da inteligência, ou se esta é uma criação do cérebro, filha e escrava da substância cerebral.[1]

Camille Flamarion

A doutrina espírita e a lógica nos ensinam que só há, além de Deus, dois elementos no Universo, o princípio material e o princípio espiritual, e, admitindo-se a presença de inteligência em animais (mesmo que rudimentar), não há como negar a presença de algo a mais que a matéria em nossos irmãos animais, visto que inteligência não é um dos atributos da matéria, e este algo a mais, em não sendo matéria, só pode ser princípio espiritual.

Uma discussão de longa data do meio acadêmico e que guarda íntima relação com esta dualidade princípio material e princípio espiritual é se a mente, a inteligência

---

[1] Nicolas Camille Flammarion (26/2/1842 a 3/6/1925) foi um astrônomo francês e amigo de Allan Kardec. Foi Flammarion em seu discurso em sua homenagem quando da desencarnação de Kardec que afirmou que este era "o bom-senso encarnado".

e as emoções são subprodutos do cérebro[2], o que seria a negação da sobrevivência da consciência após a desorganização do cérebro pela morte física. Nas palavras de Camille Flamarion[3], "se o cérebro é um órgão ao serviço da inteligência, ou se esta é uma criação do cérebro, filha e escrava da substância cerebral".

Este tipo de pensamento materialista gerou uma esdrúxula busca, no século XIX, por um tipo físico característico para os criminosos, afinal, se o pensamento fosse produto da matéria, a forma da matéria deveria indicar o caráter e as tendências da pessoa. Uma leitura que recomendo a respeito do pensamento da ciência sobre o tema mente-cérebro é o capítulo 5 do livro *Autismo – uma leitura espiritual*, de Hermínio C. Miranda, intitulado: Interface espiritual do autismo.

A ciência já forneceu provas em abundância de que a lesão de determinadas partes do sistema nervoso central comprometem funções específicas como a fala, a visão e assim por diante, mas, o espírita sabe de forma indubitável que o pensamento ainda existe mesmo nos casos de extensas lesões e de más-formações. Uma realidade verificada de forma prática, por exemplo, através do que acontece diariamente nos centros espíritas nas reuniões

---

[2] A ciência discute se a mente é um epifenômeno do cérebro, ou seja, se o pensamento é subproduto da matéria do cérebro assim como os hormônios e neurotransmissores, e que, portanto, ao cessar a atividade do cérebro, cessaria também o pensamento.

[3] Em seu livro *Deus na Natureza*.

mediúnicas. Contudo, em termos de ciência oficial, os caminhos para esta certeza parecem passar por um estudo mais aprofundado das experiências de quase morte e pelo estudo científico da questão mediúnica, procurando explicações, por exemplo, de como um indivíduo como Chico Xavier, que, sem o estudo formal do mundo, escrevia com competência inigualável livros sobre os mais diferentes ramos do conhecimento humano. Também nos faz pensar o fato de que os corpos humanos e animais são sistemas em constante renovação que em alguns meses são renovados em sua maior parte e em alguns anos todos os tecidos do organismo inclusive os ossos[4] são renovados, e como entender a permanência de nossa individualidade se em termos absolutos nosso corpo já não é mais o mesmo?

A ciência há de admitir que a fonte de informação esteja fora do cérebro, e então surgirá o entendimento de que a inteligência e a emoção não pertencem ao mundo material, nem em humanos, nem em animais.

Admitindo-se a existência de ao menos rudimentos de inteligência nos animais, e admitindo-se que inteligência não é produto da matéria, deduz-se de forma lógica que os animais possuem uma espécie de espírito. Resolve-se uma questão e, ato contínuo, cria-se outra: e como esta evolução do princípio espiritual ocorre?

---

[4] Os ossos são constantemente remodelados por dois processos permanentes e simultâneos, a osteólise (reabsorção) e a osteogênese (formação), o que ocasiona a renovação, em algum período de tempo, de todo o tecido ósseo.

Evolução espiritual e material

Compreender-se-á, então, o papel dos animais, aqui, e a teoria puramente materialista de uma evolução física substituir-se-á pela do princípio inteligente, que passa pela série dos reinos inferiores, para chegar ao homem e elevar-se mais tarde a outros destinos, quando ficará liberto de todos os estorvos terrenos.

Gabriel Dellane[1]

Enquanto se ensaiam para a vida, antes que tenham plena consciência de seus atos e de seu livre-arbítrio, atuam em certos fenômenos, dos quais são agentes, mesmo de forma inconsciente. Primeiramente, executam; mais tarde, quando suas inteligências já estiverem mais desenvolvidas, comandarão e dirigirão as coisas do mundo material; mais tarde, poderão dirigir as do mun-

---

[1] Gabriel Delanne (23/3/1857 a 15/2/1926), filho de pais espíritas, seu pai era amigo íntimo de Allan Kardec, e a sua mãe, médium, colaborou na codificação. Graduou-se em engenharia e, em 1882, fundou a União Espírita Francesa, tendo sido um importante defensor da cientificidade do espiritismo.

do moral. É assim que tudo serve, tudo se encadeia na Natureza, desde o átomo primitivo até o arcanjo, que também começou pelo átomo. Admirável lei de harmonia, da qual vosso espírito limitado ainda não pode abranger o conjunto!

O Livro dos Espíritos[2]

Ousando filosofar a respeito de um assunto como a origem da vida espiritual, penso que, se conseguimos provar através da ciência a realidade de que a evolução originou a partir das formas de vida mais primitivas, organismos cada vez mais refinados, complexos e adaptados, e admitirmos que este fenômeno de evolução material obviamente faz parte do plano divino, como podemos negar que o mesmo possa ter ocorrido em termos espirituais? Ou seja, assim como a vida material evoluiu desde o coacervado à ameba, depois até o macaco e finalmente ao homem, por que algo análogo não ocorreria com o princípio inteligente? Sabendo que o mundo espiritual preexiste ao material, podemos supor que a evolução material dos corpos seja apenas uma analogia ou reflexo da evolução espiritual. Vejamos o que no diz a respeito Gabriel Dellane[3]:

---

[2] *O Livro dos Espíritos* – Capítulo IX – Da intervenção dos espíritos no mundo corporal – Ação dos espíritos nos fenômenos da natureza – questão 540.

[3] Em seu livro *A evolução anímica*, no capítulo III.

A natureza é a grande mestra. Só ela contém a verdade, e todo aquele que saiba vê-la, com olhar filosófico, desvendar-lhe-á os secretos tesouros ocultos aos ignorantes. As leis que regem a evolução proteiforme da matéria física ou vivente atestam que nada aparece de súbito e perfeitamente acabado.

O sistema solar, o nosso planeta, os vegetais, os animais, a linguagem, as artes, as ciências, longe de traduzirem rebentos espontâneos, são antes o resultado de longa e gradual ascensão, a partir das mais rudimentares formas até às modalidades hoje conhecidas.

Lei geral e absoluta, dela não poderia aberrar a alma humana e constituir uma exceção. Essa alma, vemo-la passar na Terra pelas mais diversas fases, desde as humílimas e incipientes concepções do silvícola até as esplêndidas florações do gênio nas nações civilizadas.

Deverá nosso exame retrospectivo deter-se aí? Deveremos crer que essa alma que manobra no homem primitivo um organismo tão complicado tenha podido, de súbito, adquirir propriedades tão variadas e tão bem adaptadas às necessidades do indivíduo?

Gabriel Dellane

Os corpos materiais dos seres vivos não possuem nenhum elemento químico diferente dos que existem nos materiais inorgânicos, variando apenas em suas combinações e proporções, mas, apesar da constituição básica ser a mesma, não se pode afirmar que há vida orgânica em rochas, cristais e gases, assim como não se pode afirmar que os seres vivos sejam inorgânicos. Se usarmos o mesmo raciocínio para a frase "o arcanjo, que também começou pelo átomo" em *O Livro dos Espíritos*, podemos pensar que a frase é uma licença poética, uma metáfora para nos explicar a questão, dentro da nossa pobreza de entendimento, conceitos e palavras para absorver a inteira verdade a respeito do tema? Talvez o que a espiritualidade quis dizer é que esta individualização do princípio inteligente ocorra a todo momento em diversos locais da criação, assim como a matéria-prima para a vida orgânica se encontra dispersa no mundo inorgânico, e isto não significa que exista vida orgânica na pedra ou no cristal, assim como não há espírito no cristal.

Segundo Delanne, em *A reencarnação*, já entre os gregos, Heródoto (tendo conhecido a doutrina dos egípcios) falava sobre a necessidade da passagem da alma humana através da fieira animal.

Também Leibniz[4] em sua obra *Teodiceia*[5], aproxima-

---

[4] Gottfried Wilhelm von Leibniz (1/7/1646 a 14/11/1716) foi um filósofo, cientista, matemático, diplomata e bibliotecário alemão. Desenvolveu o cálculo infinitesimal, na mesma época em que Isaac Newton.

[5] Teodiceia foi um termo criado em 1710 por Leibniz em seu *Essais de*

damente um século e meio antes da codificação espírita, expôs sua teoria sobre a existência de uma unidade básica não material e indivisível dotada de percepções e equipada por Deus com o necessário para evoluir, que chamou de mônada, e que encerrava em si o potencial futuro, em suas palavras o presente estaria grávido do futuro. Podemos entrever no pensamento de Leibniz um esboço sobre uma individualização e evolução do princípio espiritual, que mais tarde a doutrina espírita nos traria dizendo que somos criados simples e ignorantes, mas trazendo em potencial a perfectibilidade relativa à qual estamos destinados[6].

Théodicée sur la bonté de Dieu, la liberté de l'homme et l'origine du mal, onde procurava explicar a origem do mal, frente a um Deus de bondade e perfeito.

[6] Marcel Benedeti, em seu livro *Todos os animais são nossos irmãos*, no capítulo de mesmo nome, traz um conceito que lembra a monadologia de Leibniz, afirmando que o organismo físico seria um condomínio de células organizado sob o comando do espírito. O conceito exposto no livro parece ser de que cada uma das células (unidades da vida biológica) estaria por sua vez individualmente sob o comando de uma "mônada", e o espírito, seria uma mônada mais evoluída, comandando outras mônadas sobre sua tutela, que por sua vez poderiam a seu tempo evoluir e passar a coordenar seu próprio "condomínio" de mônadas. O exposto por Benedeti não coincide com Leibniz, que a meu ver defendia que o espírito ou alma era uma mônada unidade indivisível que comandaria o corpo inteiro. Segundo a doutrina espírita, dizer que o corpo é um exército de "princípios inteligentes em individualização" coordenados por um espírito é um erro. As células são "máquinas biológicas" dotadas "apenas" de princípio vital sob o comando do espírito através do seu perispírito, que funcionaria como modelo organizacional biológico, um pensamento de acordo com o exposto por André Luiz em *No mundo maior*, no capítulo IV – Estudando o cérebro (ver também questão 71 de *O Livro dos Espíritos*).

Esta marcha do princípio inteligente rumo à humanidade conta com o apoio de Ernesto Bozzano[7] que afirmou que a única doutrina capaz de explicar a evolução espiritual da vida, conhecida desde a Antiguidade, é a da reencarnação progressiva de **todos os seres vivos**. Bozzano vai além, e diz que "a escala infinita dos seres vivos só pode ser a expressão das manifestações da alma nas suas etapas progressivas de evolução espiritual", manifestações que já se encontravam em potencial nos seres inferiores e que a causa primária da evolução é o espírito:

> Não é de forma alguma a matéria que determina a evolução do espírito, é o espírito que, para evoluir por si só, necessita de todas as fases de experiências que se pode obter na Terra, e, consequentemente, precisa revestir, sucessivamente, todas as formas mais refinadas que lhe pode fornecer a matéria organizada. As leis biológicas da "seleção natural", da "sobrevivência do mais capaz" e da "influência do meio" são apenas acessórios mais indispensáveis para esta evolução; entretanto, a verdadeira causa da evolução dos seres vivos é interior e chama-se espírito.

Também Gabriel Delanne, em *A evolução anímica*, afirma que o princípio inteligente do animal sobrevive

---

[7] Em seu livro *A alma nos animais*.

à morte, sendo de fato uma individualidade e, portanto, passível de se sujeitar às mesmas regras que dirigem a alma humana. Conclui propondo que este princípio inteligente necessita da mesma lei de continuidade (reencarnações) e utiliza-se de organismos cada vez mais aperfeiçoados, à medida que se torna apto a dirigi-los. Em seu outro livro, intitulado *A reencarnação*, reafirma seu raciocínio e busca o apoio da ciência ao seu raciocínio afirmando:

> Veremos que os descobrimentos da Ciência esteiam fortemente essa opinião, porque é possível verificar, pela filiação dos seres vivos, uma correlação progressivamente crescente entre os organismos materiais e as formas cada vez mais desenvolvidas das faculdades psíquicas.

Não é somente entre os pensadores e escritores espíritas que a ideia da evolução do espírito é defendida, encontrando-se citações sobre o assunto anteriores ao surgimento à codificação espírita. No meu ponto de vista, o mais emblemático e inequívoco exemplo disto é de Jalal-ad-Din Muhammad Balkhi[8], que em sua obra poética com título traduzido para o inglês, *The Masnavi I*

---

[8] Também conhecido como Mawlana Jalal-ad-Din Muhammad Rumi, ou apenas Al Rumi (1207-1273), foi um poeta, jurista e teólogo muçulmano persa.

Ma'navi, deixou registrado[9] o seguinte pensamento que tentei traduzir para o português:

> Eu morri como matéria inerte e me levantei uma planta, morri como planta e levantei-me novamente como um animal. Morri como um animal e me levantei um homem. Por que razão, então eu deveria ter medo de ser menos pelo fato de morrer? Vou morrer mais uma vez como um homem para me levantar um anjo perfeito da cabeça aos pés! Mais uma vez, quando eu sofrer dissolução como um anjo, eu deverei tornar-me algo que supera a concepção do homem!

Uma mensagem mediúnica, muito conhecida no meio espírita, recebida em francês pela médium inglesa Lady Cathness, citada por Ernesto Bozzano em seu livro[10], vem corroborar com a tese quando afirma que "o gás se mineraliza; o mineral se vegetaliza; o vegetal se animaliza; o animal se humaniza; o homem se diviniza".

Emmanuel, na questão 79 de *O consolador*, nos diz o seguinte:

---

[9] Obra composta por seis volumes, o trecho citado encontra-se no terceiro livro, dentro da história de número 17, intitulada: "The Vakil of the Prince of Bokhara". Tradução para o inglês de E. H. Whinfield em 1898.

[10] Em *A alma nos animais*, no capítulo final intitulado "Conclusões – À espera do veredicto da Ciência", cita que a mensagem constaria do livro de Lady Cathnesse intitulado *Old Truth in a new light*".

Considerando que eles igualmente possuem diante do tempo, um porvir de fecundas realizações, através de numerosas experiências chegarão, um dia, ao chamado reino hominal, como, por sua vez, alcançaremos, no escoar dos milênios, a situação de angelitude. A escala do progresso é sublime e infinita. **No quadro exíguo dos vossos conhecimentos, busquemos uma figura** que nos convoque ao sentimento de solidariedade e de amor que deve imperar em todos os departamentos da natureza visível e invisível. O mineral é atração, o vegetal é sensação, o animal é instinto, o homem é razão e o anjo é divindade. Busquemos reconhecer a infinidade de laços que nos unem nos valores gradativos da evolução e ergamos em nosso íntimo o santuário eterno da fraternidade universal.

Notem bem que Emmanuel deixa claro a nossa insuficiência de conhecimentos e a falta de uma linguagem adequada para expressar a questão. Considerando nossa incapacidade de compreensão, o importante não é determinar onde e quando se inicia a vida do espírito, quais os mecanismos, qual a escala e os passos desta evolução. Podemos neste ponto seguir a recomendação da espiritualidade, quando respondeu a Kardec sobre a impropriedade e improdutividade em se desejar compreender Deus, bastando para nós que saibamos que Ele existe e no máximo raciocinar sobre alguns de Seus atributos, e que qualquer tentativa a mais fará nos perdermos em discussões estéreis e filosofias que não nos levarão a lugar nenhum e ao risco de estimularmos nosso orgulho, julgando saber mais que o nosso próximo.

É importante, deixar claro que esta "evolução e elaboração" do princípio espiritual indica "apenas" que o princípio espiritual se elaborou em formas "inferiores" até a sua entrada no reino hominal, quando então passou a animar corpos humanos, que, por mais primitivos e mais parecidos que fossem com macacos, eram humanos. Portanto, nunca houve um "espírito animal" animando um corpo humano, nem um "espírito humano" animando um corpo animal. Como Al Rumi deixou escrito, morreremos como animal e nos levantamos homens, ou seja, deixou de existir o animal no exato momento onde surgiu o homem. O animal foi estágio de elaboração, matéria-prima, e não deve ser confundido com o próprio homem, caso contrário poderíamos dizer que, em termos de classificação de nosso corpo, ainda somos macacos, o que é incorreto, portanto, não devemos confundir esta evolução do princípio espiritual com a metempsicose. A espiritualidade fecha questão a este respeito na resposta à questão 611 de *O Livro dos Espíritos*, quando diz que a origem em comum não é atestado de identidade entre duas coisas.

Com o perdão pela ousadia de teorizar a respeito, arrisco afirmar que o importante é que tudo evolui na criação, que não há nada de inútil e certamente já estagiamos em escalas inferiores.

E para encerrar o capítulo, deixo o leitor com a explicação de Calderaro a André Luiz em *No mundo maior*, onde descreve a romagem do princípio inteligente em paralelo com a filogenética:

>...O princípio espiritual acolheu-se no seio tépido das águas, através dos organismos celulares, que se mantinham e se multiplicavam por cissiparidade. Em milhares de anos, fez longa viagem na esponja, passando a dominar células autônomas, impondo-lhes o espírito de obediência e de coletividade, na organização primordial dos músculos. Experimentou longo tempo, antes de ensaiar os alicerces do aparelho nervoso, na medusa, no verme, no batráquio, arrastando-se para emergir do fundo escuro e lodoso das águas, de modo a encetar as experiências primeiras, ao sol meridiano. Quantos séculos consumiu, revestindo formas monstruosas, aprimorando-se, aqui e ali, ajudado pela interferência indireta das inteligências superiores? Impossível responder, por enquanto. Sugou o seio farto da Terra, evolucionando sem parar, através de milênios, até conquistar a região mais alta, onde conseguiu elaborar o próprio alimento.
>
>...Por mais esforços que envidemos por simplificar a exposição deste delicado tema, o re-

trospecto que a respeito fazemos sempre causa perplexidade. Quero dizer, André, que o princípio espiritual, desde o obscuro momento da criação, caminha sem detença para frente. Afastou-se do leito oceânico, atingiu a superfície das águas protetoras, moveu-se em direção à lama das margens, debateu-se no charco, chegou à terra firme, experimentou na floresta copioso material de formas representativas, ergueu-se do solo, contemplou os céus e, depois de longos milênios, durante os quais aprendeu a procriar, alimentar-se, escolher, lembrar e sentir, conquistou a inteligência... Viajou do simples impulso para a irritabilidade, da irritabilidade para a sensação, da sensação para o instinto, do instinto para a razão.

A EVOLUÇÃO DO ESPÍRITO E O CÉREBRO TRINO

> Tem assim o homem duas naturezas: pelo corpo, participa da natureza dos animais, dos quais tem os instintos; pela alma, participa da natureza dos espíritos.
>
> *O Livro dos Espíritos*[1]

> Não, o homem não tem duas almas, mas o corpo tem seus instintos, que resultam da sensação dos órgãos. O que há nele é uma dupla natureza: a natureza animal e a natureza espiritual. Pelo seu corpo, o homem participa da natureza dos animais e de seus instintos; por sua alma, participa da natureza dos espíritos.
>
> *O Livro dos Espíritos*[2]

Uma questão que precisamos refletir e que pode representar uma prova "viva" dentro de cada um de nós,

---

[1] Introdução: Ao estudo da doutrina espírita – item VI.
[2] *O Livro dos Espíritos* – Dos três reinos – Os animais e o homem – Questão 605/comentário de Kardec.

da evolução do Espírito através dos reinos da natureza até atingir o estágio hominal, é o paralelo entre a filogenética e a evolução dos sentimentos e emoções. Ou seja, a escala das emoções guarda proporção direta com a constituição orgânica e com o comportamento das espécies animais, cada vez mais evoluídas na escala zoológica. E creio que o melhor material de estudo que podemos utilizar para esta reflexão é o cérebro, que, segundo o benfeitor Calderaro[3], é o "órgão de manifestação da mente, em trânsito da animalidade primitiva para a espiritualidade humana".

O diferencial da espécie humana é sua consciência, a capacidade de abstração, de fazer escolhas complexas, conseguir refletir sobre sua origem, seu destino, o objetivo de sua existência, sobre a morte e diversas questões transcendentes de nossa existência.

A teoria do neurocientista Paul MacLean[4] sobre cérebro trino pode nos fornecer em termos anatômicos e funcionais um interessante paralelo entre o cérebro e a evolução de nossos comportamentos e sentimentos. Antes de mais nada, uma consideração importante a ser feita é que a denominação cérebro trino guarda uma inexatidão, pois o cérebro é apenas uma das estruturas que compõem o conjunto maior de estruturas chamado

---

[3] Em explicação a André Luiz no livro *No mundo maior*, capítulo 4 – Estudando o cérebro.

[4] Paul MacLean (1913-2007) no livro *The Triune Brain in evolution: Role in paleocerebral functions*.

de encéfalo, portanto, seria mais correto falar em encéfalo trino, pois estão envolvidas no estudo de Paul por exemplo as estruturas do tronco encefálico, e, dito isto, continuemos... Observamos em répteis um cérebro basicamente constituído pelo que se chama de complexo reptiliano, com suas funções mais básicas e instintivas, em seguida observamos os mamíferos inferiores apresentarem, além do arquipálio, um paleopálio (sistema límbico), envolvido também com reações e comportamentos emocionais, e finalmente aparece nos mamíferos superiores o neopálio (neocórtex), implicado com diversas funções motoras e associativas, e que no homem é a sede das atividades intelectuais e do Eu.

Irvênia Prada, em seu artigo "A casa mental e o cérebro trino", tece considerações sobre o capítulo intitulado "A casa mental" do livro *No mundo maior*, afirmando que na obra não há nenhuma diferenciação do complexo reptiliano e o sistema límbico, sendo agrupados dentro de um mesmo conjunto. A interpretação de Irvênia Prada vem de encontro com meu pensamento, pois não consigo enxergar uma dissociação entre as atividades instintivas e de sobrevivência das aquisições emocionais, afinal, fuga, sexo, territorialidade e outros comportamentos instintivos possuem componentes emocionais. Na obra citada, Calderaro expõe uma divisão em três porções: os lobos frontais, onde repousam os ideais, as realizações sublimes e o esforço de ascensão, o córtex motor, onde repousam os instrumentos necessários à nossa atual condição evolutiva, e os porões de nossa consciência, onde estão nossos hábitos e automatismos.

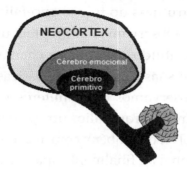

Figura 7 – Representação esquemática da teoria do cérebro trino de Paul MacLean[5], ou, de forma figurativa, os três andares de nossa "Casa Mental".

MacLean defendia que, embora haja uma relação hierárquica e uma interdependência funcional, cada parte do "cérebro" trino apresenta certa autonomia funcional[6] e responde por funções relativamente específicas. Algumas vezes se discute que a jornada evolutiva das emoções no homem passa por vencer a influência de nossos cérebros primitivos, vencendo o réptil e o mamífero inferior que de certa forma existiriam dentro de nós

---

[5]   A representação é esquemática e serve para se dar uma ideia geral da teoria.

[6]   Irvênia Prada, em seu artigo "A casa mental e o cérebro trino", cita a obra de MacLean (*The Triune Cerebrum in evolution*) dizendo que o cérebro reptiliano estaria envolvido em fatores cognitivos que lideram a evocação de alguns comportamentos, e conclui afirmando que o cérebro reptiliano teria de alguma forma uma mente por si próprio (*has a mind of its own*)

representados por nosso arquipálio e paleopálio[7]. Pessoalmente, acho que tal tipo de pensamento é uma simplificação que nos induz a erro, se considerarmos que cada um destes sistemas ou estruturas são os mecanismos de expressão mais adequados ao grau evolutivo do princípio inteligente durante sua jornada, podemos chegar à conclusão de que, em nosso grau evolutivo, as reações instintivas apenas virão à tona em caso de omissão do pensamento racional e do exercício da vontade de mudança, pois há uma relação "hierárquica". É claro que devemos exercitar o autoconhecimento e detectarmos dentro de nós todos estes automatismos, hábitos e cabedais de experiências que nos trouxeram até o momento atual, mas não vejo por que supervalorizar e dar tanta força a um sistema que possui uma função específica, mas que está subordinado funcionalmente à razão. Não devemos cair no desculpismo e nos permitir certos comportamentos sob a alegação de que a carne é fraca, que temos um cérebro trino a ser "vencido". Longe de negar estas realidades e a existência destes resquícios de nossa evolução que carregamos dentro de nós mesmos, podemos e devemos estabelecer o império do espírito sobre a matéria, conforme o benfeitor Calderaro afirmou a An-

---

[7] Irvênia Prada, em seu livro *A questão espiritual dos animais*, cita o pensamento de Carl Sagan, onde esta guerra contra o eu inferior interno estaria representada ao longo da história da humanidade em diversos momentos, por exemplo, na figura de São Jorge matando o Dragão que simbolizaria a vitória de nossa evolução.

dré Luiz em *No mundo maior*: "o cérebro é o órgão de manifestação da atividade espiritual", portanto, a questão é inerentemente espiritual.

E procurando não me alongar mais na questão para não cansar o leitor, transcrevo a seguir a instrução de Calderaro a André Luiz que fecha de forma simples e ao mesmo tempo profunda a questão:

> Não podemos dizer que possuímos três cérebros simultaneamente. Temos apenas um que, porém, se divide em três regiões distintas. Tomemo-lo como se fora um castelo de três andares: no primeiro situamos a "residência de nossos impulsos automáticos", simbolizando o sumário vivo dos serviços realizados; no segundo localizamos o "domicílio das conquistas atuais", onde se erguem e se consolidam as qualidades nobres que estamos edificando; no terceiro, temos a "casa das noções superiores", indicando as eminências que nos cumpre atingir. Num deles moram o hábito e o automatismo; no outro residem o esforço e a vontade; e no último demoram o ideal e a meta superior a ser alcançada. Distribuímos, deste modo, nos três andares, o subconsciente, o consciente e o superconsciente. Como vemos, possuímos, em nós mesmos, o passado, o presente e o futuro.

Instintos, sentimentos e emoções

> O amor resume a doutrina de Jesus toda inteira, visto que esse é o sentimento por excelência, e os **sentimentos são os instintos elevados à altura do progresso feito**. Em sua origem, o homem só tem instintos; quando mais avançado e corrompido, só tem sensações; quando instruído e depurado, tem sentimentos. E o ponto delicado do sentimento é o amor, não o amor no sentido vulgar do termo, mas esse sol interior que condensa e reúne em seu ardente foco todas as aspirações e todas as revelações sobre-humanas.
>
> *O Evangelho segundo o Espiritismo*[1]

Falar sobre instinto animal é algo muito difícil, pois definir exatamente onde termina o comportamento puramente automático e onde se ensaiam os primeiros lampejos de manifestação da alma é algo praticamente impossível.

O trecho em epígrafe transcrito de *O Evangelho segundo o Espiritismo* nos deixa a informação de que os sentimentos são uma etapa acima no progresso em relação aos instintos, e Gabriel Dellane[2] nos diz que "o ins-

---

[1] *O Evangelho segundo o Espiritismo* – Capítulo XI – Amar o próximo como a si mesmo – Instruções dos espíritos – A lei de amor – item 8.

[2] Em *A evolução anímica*, capítulo III – o instinto.

tinto é a mais baixa forma, mediante a qual se manifesta a alma" e desenvolve o seu pensamento dizendo que o progresso do homem através dos milênios com sua passagem do homem pela escala animal torna claro e compreensível o motivo pelo qual os instintos permanecem no homem. Afirma ainda que os instintos são os primeiros sinais, ou os fundamentos da vida intelectual, sendo "os mais prístinos e mais duradouros movimentos perispirituais que as incontáveis encarnações fixaram, incoercivelmente, em nosso invólucro fluídico", e que, por este mesmo motivo, libertar-se deles, que foram essenciais para fixarem as leis da vida em nós, se torna uma longa e difícil tarefa, agora que já são dispensáveis e que devemos nos entregar ao aperfeiçoamento intelectual e moral. E fecha a questão dizendo que "a menos que vejamos na alma o efeito de um milagre, criação sobrenatural, é força reconhecer o magnífico encadeamento das leis que regem a evolução dos seres para um destino sempre melhor".

Léon Denis também partilha do pensamento de Dellane quando afirma[3] que é no corpo fluídico, "admirável instrumento que o espírito constrói para si mesmo", que "se conservam os instintos, se acumulam as forças, se fixam aquisições de nossas múltiplas existências, os frutos de nossa lenta e penosa evolução".

---

[3] Em *No invisível*, na primeira parte (O espiritismo experimental: as leis) em seu capítulo III (O espírito e sua forma).

Estas informações nos fazem pensar se instinto é algo inerentemente orgânico, material, ou se pode ser um atributo do espírito, uma ideia que parece contradizer os dois trechos de *O Livro dos Espíritos* destacados no início do capítulo anterior, que deixam claro que os instintos são parte da natureza dos animais com os quais compartilhamos da mesma natureza através do corpo, e que os sentimentos fazem parte da natureza espiritual do homem.

A contradição é mais aparente que real, e, para entender a questão, precisamos compreender que seria extremamente chocante na época da codificação[4] escrever textualmente que animais possuem um "espírito" ainda não humano. Expor de chofre um conceito tão revolucionário talvez não fosse adequado, pois provavelmente causaria rejeição à doutrina. Pessoalmente, acredito, então, que a espiritualidade foi extremamente prudente quando afirmou sobre as almas dos animais, que: "É também uma alma, se quiserdes, dependendo do sentido que se der a esta palavra[5]", deixando a cargo de nós o exercício de raciocínio sobre o tema.

---

[4] Temos uma ideia do preconceito vigente na época através de uma matéria da *Revista Espírita* (ano 0, 9 de janeiro de 1866 n° 1) intitulada "As mulheres têm alma?", em que Kardec cita o caso da quarta mulher formada na faculdade de Montpellier. E a faculdade discutia se poderia dar a ela o grau de bacharel, pois os regulamentos da faculdade não citavam as mulheres.

[5] *O Livro dos Espíritos* – Capítulo XI – Dos três reinos – Os animais e o homem – questão 597 item a.

Fica claro que a contradição não existe em si, e se resume a uma questão de nomenclaturas do sentido que dermos à palavra "espírito" e de quando consideramos que o princípio inteligente é bastante individualizado para ser considerado espírito. Se o entendimento for que animais possuem espírito, podemos dizer que o instinto é uma manifestação deste espírito animal, sem contradizer de forma alguma a codificação. André Luiz vem ao nosso socorro, quando afirmou no livro *Evolução em dois mundos* que os "orientadores da vida maior acolhem animais nobres desencarnados (como se faz na Terra com crianças de tenra idade), internando-os em verdadeiros 'jardins de infância', para os primeiros aprendizados a se fixarem no cérebro, de forma sequencial e progressiva; ali, reunidos por simbiose comportamental, seus centros nervosos se exercitam, tudo a cargo de instrutores celestes". Neste texto, André Luiz faz referência a um trabalho realizado pela espiritualidade que objetiva a evolução dos animais e de seus comportamentos (instintos e primórdios de comportamentos inteligentes), enquanto estes animais estão desencarnados. Em outro trecho do mesmo livro[6], expõe o conceito de que "o reflexo precede o instinto, tanto quanto o instinto precede a atividade refletida... transformando gradativamente toda a atividade nervosa em vida psíquica". O relato de

---

[6] No capítulo 4 – Automatismo e corpo espiritual – Automatismo e herança.

André Luiz parece excluir definitivamente que tais comportamentos (instintivos) sejam atributos exclusivamente relacionados à matéria.

Quanto à questão dos instintos estarem registrados e marcados no perispírito animal, conforme a citação de Dellane anteriormente transcrita neste mesmo capítulo, devemos refletir que o perispírito registra nossas experiências, contudo, é incorreto dizer que são fixados "incoercivelmente" em nossos perispíritos. Sabemos que o perispírito é haurido do fluido do planeta em que o espírito está (ver *O Livro dos Espíritos*, questão 150), sendo característico e adequado a ele, e, com esta informação em mente, poderíamos pensar: então, como ficam estes instintos, aprendizados quando por algum motivo o espírito tivesse que mudar de planeta e haurisse novos fluidos deste novo planeta para seu novo perispírito adequado a este novo planeta? Perder-se-iam estas informações, estes cabedais de experiências, ao deixar estes fluidos no antigo planeta? Penso que não, pois assim como o perispírito é nosso molde do corpo biológico (nosso modelo organizacional biológico), assim também o espírito com suas conquistas e qualidades é o que determina a qualidade e característica dos elementos que são atraídos para formar seu perispírito. Podemos dizer então, frente à pobreza de nossos termos e linguagem, que o espírito, por sua vez, seria o modelo organizacional do perispírito, então, aquilo que está incoercivelmente marcado no perispírito, está na verdade "apenas" refletindo ou registrando uma qualidade do espírito.

Portanto, instintos, emoções e sentimentos são pontos a serem trabalhados em termos de evolução espiritual, dos quais são aspectos. Nossa responsabilidade é exercitar a razão e a força de vontade para realizar a reforma íntima, cuja meta é a evolução de nosso espírito. Como disse Dellane, saímos do limbo da bestialidade e, longe de sermos criaturas angélicas decaídas, devemos conquistar o exercício de nossas faculdades para vencer a natureza. Este é o bom combate a que Paulo de Tarso se referia, matar o homem velho, o animal dentro de nós, para só então surgir um novo homem. Figurativamente falando, matar o réptil de nosso cérebro trino, o dragão que existe dentro de nós.

Os animais e o mundo espiritual

Ernesto Bozzano[1]

Ernesto Bozzano catalogou, em seu livro *A alma nos animais*, 130 casos de fenômenos metapsíquicos em animais divididos em oito categorias. No livro, Bozzano afirma que, apesar de circunscritos em limites mais modestos, devido às reduzidas capacidades intelectuais dos animais (se comparados aos humanos), estes fatos possuem uma importância maior do que se pode imaginar, como provas indiscutíveis para refutar as tentativas materialistas de explicação dos fenômenos espíritas. Mais tarde, Gabriel Delanne, em seu livro *A reencarna-*

---

[1] Ernesto Bozzano (9/1/1862 a 24/6/1943) foi um cientista italiano, inicialmente positivista, que depois se tornou um dos maiores cientistas espíritas da história, escreveu várias teses e trabalhos, publicou diversos livros e deixou uma das mais ricas bibliotecas de metapsíquica da Europa, hoje conservada pela Fondazione Biblioteca Bozzano – De Boni, de Bolonha.

ção[2], voltou a discutir o tema dos fenômenos metapsíquicos em animais, revisitando os escritos de Bozzano e acrescentando mais alguns casos pesquisados na literatura, sem deixar de emitir suas opiniões e considerações.

Faço aqui um pequeno parêntese que julgo ser imprescindível, para afirmar ou esclarecer uma dúvida comum naqueles que iniciam seus estudos na doutrina espírita e que poderia ser facilmente respondida pelo estudo do capítulo XXII de *O Livro dos Médiuns*, intitulado "Da mediunidade nos animais", que contém no item 236 uma extensa dissertação do espírito Erasto sobre o tema, da qual cito alguns trechos que parecem resumir o pensamento, mas reforço veementemente a recomendação para que o leitor o estude profundamente:

> Primeiramente, entendamo-nos bem acerca dos fatos. Que é um médium? É o ser, é o indivíduo que serve de traço de união aos espíritos, para que estes possam comunicar-se facilmente com os homens: espíritos encarnados. Por conseguinte, sem médium, não há comunicações tangíveis, mentais, escritas, físicas, de qualquer natureza que seja.
>
> Lembrai-vos da mula de Balaão, que, vendo um anjo diante de si e temendo-lhe a espa-

---

[2] Em seu capítulo V, intitulado "As faculdades supranormais dos animais e seu princípio individual".

da flamejante, se obstinava em não dar um passo. É que, antes de se manifestar visivelmente a Balaão, o anjo quisera tornar-se visível somente para o animal. Mas, repito, não mediunizamos diretamente nem os animais, nem a matéria inerte. É-nos sempre necessário o concurso consciente, ou inconsciente, de um médium humano, porque precisamos da união de fluidos similares, o que não achamos nem nos animais, nem na matéria bruta.

Isto posto, reconheço perfeitamente que há nos animais aptidões diversas; que certos sentimentos, certas paixões, idênticas às paixões e aos sentimentos humanos, se desenvolvem neles; que são sensíveis e reconhecidos, vingativos e odientos, conforme se procede bem ou mal com eles...

Mas, daí a poderem servir de intermediários para a transmissão do pensamento dos espíritos, há um abismo: a diferença das naturezas.

Resumindo: os fatos mediúnicos não podem dar-se sem o concurso consciente, ou inconsciente, dos médiuns; e somente entre os encarnados, espíritos como nós, podemos encontrar os que nos sirvam de médiuns.

Fechando este extenso, mas importante parêntese, voltemos a Ernesto Bozzano. Pessoalmente, acho que alguns casos catalogados em seu livro são de difícil classificação e de análise ainda mais complexa, como seria de se esperar quando o assunto envolve animais e, consequentemente, uma natural dificuldade de comunicação e interpretação. Um bom exemplo disto é a primeira categoria, onde se transcrevem casos sobre pessoas que pressentiram a morte ou risco de morte de seus animais, onde, além da hipótese levantada pelo autor, também podemos pensar que os donos daqueles animais se encontravam num certo grau de desprendimento do corpo físico no momento de sono e estariam acompanhando o animal objeto de seu afeto e, portanto, tendo presenciado o ocorrido por si mesmos.

Contudo, em outros casos de outras categorias, a percepção do acontecimento de um fato distante pelos animais é inegável[3], e, seja qual for o mecanismo que se alegue para que esta percepção tenha ocorrido, este é um dado importante e que descarta a possibilidade de fraude, pois qual seria o interesse de um animal neste tipo de farsa? Em alguns casos, a percepção do fato pelo animal ocorreu simultaneamente às pessoas que estavam em sua companhia, dando peso e testemunhas ao ocorrido.

Delanne afirmou em *A reencarnação* que as hipóteses materialistas de fenômenos alucinatórios ou histeria coletiva (que ainda hoje muitos estudiosos materialistas e

---

[3] O que de certa forma confirma o que Dellane afirma no capítulo V de *A reencarnação*, quando afirma que os animais possuem uma forma fluídica que lhes permite se desdobrarem e, assim, presenciarem acontecimentos distantes.

céticos utilizam para tentar explicar fenômenos metapsíquicos) não se sustentam frente a estes casos envolvendo animais, os quais não estariam sujeitos aos mesmos mecanismos, com o que concordo plenamente.

Uma categoria de casos catalogada por Ernesto no livro que chamou minha atenção e que merece uma discussão mais detalhada é a dos animais que de alguma forma pressentem a morte de pessoas no curto prazo. Estes casos costumam impressionar bastante e ter ampla divulgação, e alguns exemplos mais recentes são o do gato Oscar, que previu a morte de 25 pacientes[4], e de um cão da raça Schnauzer chamado Scamp[5], que previu praticamente todas as 40 mortes de um asilo em Ohio (EUA) num período de três anos. Nestes casos, a ciência parece ter razão, ao menos em parte, quando indica o faro apurado de cães e gatos como o responsável pela detecção de substâncias que indicam que a morte do corpo físico está próxima, afinal, os animais só sinalizam as mortes nas últimas horas próximas ao acontecimento. O que não exclui em definitivo a percepção por parte dos animais de questões que os homens com seus sentidos físicos não conseguem perceber, a exemplo do jumento de Balaão, ou seja, deixamos a questão ainda em aberto.

---

[4] Segundo o geriatra David Dosa para a revista *The New England Journal of Medicine*.

[5] Segundo entrevista à emissora de TV norte-americana CBS dada pela diretora do asilo, Adeline Baker, e por Deirdre Huth (dona do animal e funcionária da casa de repouso).

O fato é que, sempre que os fatos envolvem animais, sua interpretação se torna mais difícil quando não impossível, mas, por outro lado, se tornam mais genuínos e menos sujeitos às fraudes.

SACRIFÍCIOS ANIMAIS

Quando se fala sobre o direito à vida dos animais, um tema obrigatório a ser abordado é o dos sacrifícios animais ou holocaustos. E, antes de emitir julgamentos precipitados a respeito, devemos lembrar sempre que é obrigação do cristão primeiramente amar seu próximo, o que necessariamente passa pelo não julgar sem antes tentar compreender o próximo e suas motivações. O que leva ao erro? É com este espírito que devemos estudar o assunto.

A palavra "sacrifício" tem sua origem na expressão "sacro ofício", ou seja, o sagrado trabalho e, consequentemente, o sacrifício seria algo divino, ao menos em termos etimológicos. A origem da palavra pode parecer estranha quando entendemos o sacrifício como sinônimo de holocausto, mas quando utilizamos a palavra em outro contexto, o sentido etimológico da palavra nos parece mais claro, por exemplo: "Os pais se sacrificam em benefício de seus filhos". Não melhorou? O ato de amor dos pais em benefício dos filhos nos parece muito mais com o sacro ofício do amor?

A origem da palavra sacrifício nos dá uma primeira prova do que primeiro motivou os homens em épocas remotas a imolar animais para agradar as divindades. Eram atitudes respeitosas, com o intuito de apaziguar ou agradar aos deuses, sendo algo sagrado para quem o realizava. A raiz de todo este costume estava no próprio modo de vida do homem, cuja principal preocupação era a sobrevivência, ter o que comer e perpetuar a sua nação. Um homem com preocupações bem imediatas e materiais, que naturalmente possuía uma concepção de Deus antropomórfica. Desta forma, entendia-se que a forma mais eficiente de agradar à divindade fosse oferecer a ela o que de mais valioso se possuía em termos materiais, e o que de mais valioso havia do que a vida? E assim diversos povos e culturas primitivas realizavam a imolação de animais e até mesmo sacrifícios humanos, e em alguns casos oferecia-se em holocausto mulheres jovens e virgens, pensando em oferecer o que de mais puro se tinha.

    O Antigo Testamento, com suas descrições dos altares, animais a serem oferecidos em holocaustos, quais animais para quais pecados, rituais etc., são exemplos destas concepções. Com relação a este assunto, seria interessante a consulta do leitor amigo à obra do historiador judeu e cidadão romano, Flávio Josefo, intitulada *A História dos hebreus*, escrita no primeiro século de nossa era e que confirma a veracidade da prática de muitos destes ritos, além dos comentários de Josefo.

    Algum leitor pode estar se perguntando: mas se o objetivo era oferecer o que mais valioso se tinha, por que oferecer carneiros, bois etc.? Devemos considerar que, ao contrário do que possamos imaginar hoje, o valor destes animais não era desprezível, muito pelo contrário, o rebanho era a subsistência e a vida para um povo que vivia num clima árido e com poucos recursos. O caso mais emblemático de um holocausto e que colabora com esta visão de que seria oferecer a Deus aquilo de mais valioso é o de Abraão, que chegou a quase sacrificar seu amado filho Isaque, sendo impedido no último momento de realizá-lo.

Tais costumes e motivações perderam força com a evolução espiritual da humanidade e com a evolução do conceito de Deus, antes vingativo, antropomórfico e com emoções humanas, e hoje justo, bom e amoroso. Nos casos em que ainda persistem os sacrifícios, cabe-nos entender que a evolução não ocorre simultaneamente para todos e que para alguns companheiros de jornada terrena as "oferendas materiais" ainda são importantes, em detrimento das "oferendas espirituais". E neste contexto podemos fazer uma análise ainda mais profunda, nos perguntando se para aqueles irmãos que se julgam quites com a lei realizando a caridade material através de doações em dinheiro ou mantimentos sem realizar a reforma íntima e a caridade moral, não são uma nova, e com certeza "melhorada", versão daqueles que ainda privilegiam os sacrifícios materiais.

A Constituição brasileira define o nosso país como um estado laico, ou seja, estabelece a separação entre estado e religião, o que, consequentemente, garante a liberdade de culto aos seus cidadãos. Esta mesma ampla liberdade religiosa gera o direito de que as correntes religiosas que ainda adotam o sacrifício dos animais possam realizá-los dentro de seus ritos, sem que isto se configure crime de maus-tratos a animais. O espírita sabe que é um equívoco realizar o sacrifício de animais e que as motivações que levam à sua realização são equivocadas, mas discutir se a lei é correta ou não, ou mesmo a necessidade de sua mudança, é outra questão bem distinta. Lembremo-nos de que a característica laica do nosso Estado, amplamente defendida por homens como Lins de Vasconcelos, que garante o direito ao sacrifício animal, foi o mesmo motivo que de certa forma permitiu que o espiritismo criasse raízes na pátria do evangelho, o que não seria possível em um estado com restrições religiosas. E é dentro deste panorama que a lei deve ser analisada. Em um passado recente, a lei foi importante e imprescindível nesses exatos moldes, pois qualquer restrição, qualquer exceção, poderia gerar brechas para perseguições religiosas disfarçadas sob o manto de uma respeitável justificativa. Hoje, vivemos um novo momento, em que o processo democrático e as liberdades individuais evoluíram e se consolidaram, dificultando ou eliminando a possibilidade da intolerância religiosa sob os mais diferentes pretextos, permitindo-nos, então, reavaliar a situação para um futuro próximo, em que o direito dos animais conquistará mais este avanço.

Finalizemos o capítulo lembrando sempre que não nos cabe julgar ninguém e que, provavelmente, em nosso passado, mais ou menos longínquo, já trilhamos caminhos semelhantes. Colocando-nos no lugar destes nossos irmãos de caminhada, certamente não gostaríamos de ser recriminados. Lembremo-nos de que, apesar de a verdade ser absoluta e o bem ser sempre o bem, relativo é o nosso entendimento sobre a verdade, e, altamente dependente de nossa evolução intelecto-moral, isto nos traz a constatação de que, se julgamos estar corretos a respeito de algum ponto perante nosso irmão, certamente ainda estamos em erro em alguns outros aspectos de nossas vidas. Acho que o ensinamento do mestre nazareno de que não podemos ou não devemos julgar nosso próximo deve fazer-nos refletir que não nos encontramos em ponto de vista privilegiado evolutivamente falando, o que não nos impede de formar conceitos e procurar a verdade, sempre sem ofender ninguém. Fiquemos certos de que, se por um lado temos o livre-arbítrio para escolhermos nossa religião e nosso proceder, por outro lado, a lei de causa e efeito é inexorável, não necessitando que nos coloquemos no papel de juízes ou "justiceiros". Vamos, então, esclarecer, orientar, educar e procurar mudar, com mansuetude e firmeza.

Aspectos éticos

Conduta perante os animais

A luz do bem deve fulgir em todos os planos.
Os seres da retaguarda evolutiva alinham-se conosco em posição de necessidade perante a lei.

André Luiz[1]

Uma leitura que considero obrigatória quando o assunto é a ética na relação entre homens e animais é o livro *Conduta espírita*[2], que em seu capítulo 33, intitulado "Perante os animais", nos fornece um verdadeiro roteiro de relacionamento, justo e sem radicalismos que deve ser não apenas lido, mas estudado com cuidado. O texto responde muitas perguntas sobre nosso relacionamento com os animais, se não de forma literal, ao menos em forma de princípios a serem observados, e diversos trechos deste texto foram transcritos ao longo deste livro.

A doutrina espírita nos traz o entendimento de que somos espíritos imortais em uma jornada evolutiva com um caráter individual e intransferível, pois a mudança

---

[1] *Conduta espírita* – Capítulo 33 – Perante os animais – psicografado por Waldo Vieira.

[2] De autoria de André Luiz na psicografia de Waldo Vieira.

ou reforma é necessariamente íntima. Contudo, apesar de o esforço de melhora ser solitário, o objetivo evolutivo é atingir uma harmonia de pensamentos e atitudes com as leis divinas, o que pressupõe harmonia com toda a Criação, o que inclui os animais.

Portanto, não se justifica como comportamento digno do espírita perseguir, maltratar, aprisionar qualquer animal sob qualquer pretexto, realizar quaisquer competições esportivas com animais à custa de sofrimento para os mesmos, dispor da vida deles para saciar abusos alimentares, assim como quaisquer outros comportamentos que atentem contra a dignidade e o direito à vida dos animais. Também é dever de todo cristão sincero e, portanto, do espírita, devotar respeito e gratidão para com os animais, amparando-os nas situações de necessidade, organizando mecanismos de proteção e ajuda aos animais na sociedade, sem nunca esquecer a obrigação de amá-los.

O cuidado a ser tomado é ser ponderado em nossas atitudes para que não caiamos nos excessos e extremismos, analisando cada uma das situações sob o prisma do bom-senso, e é com este espírito que devemos analisar o trabalho animal, suas condições de vida, seu papel como fornecedores de proteínas etc.

Consumo de carne

O que contamina o homem não é o que entra na boca, mas o que sai da boca, isso é o que contamina o homem.

Mateus 15:11

Com relação ao homem, a alimentação animal é contrária à lei da Natureza?
Na vossa constituição física, a carne alimenta a carne, pois do contrário, o homem perece. A lei de conservação impõe ao homem o dever de conservar as suas energias e a sua saúde, para cumprir a lei do trabalho. Ele deve alimentar-se, portanto, conforme o exija o seu organismo.

O Livro dos Espíritos[1]

Para o leitor, as frases colocadas acima podem passar a equivocada impressão que irei fazer uma veemente defesa ao consumo da carne, mas não é bem este o objetivo deste capítulo e meu pensamento a respeito do

---

[1] *O Livro dos Espíritos* – Capítulo V – Da lei de conservação – Privações voluntárias, mortificações – questão 723.

tema. Peço, desde já, muita calma e ponderação, vamos aos fatos e descobriremos que a postura mais adequada é sempre a moderação, como diz o dito popular: nem oito, nem oitenta.

A espécie humana se originou a partir de hominídeos que possuíam uma dieta baseada em frutas, tubérculos e sementes e que, ocasionalmente, acrescentavam carne à sua dieta. A carne só foi introduzida no cardápio de forma mais importante quando o acelerado crescimento da massa cerebral demandou uma maior necessidade e densidade energética e nutricional para o seu desenvolvimento que a dieta baseada na coleta vegetal não era capaz de suprir, substituindo o estado original de animais "praticamente" vegetarianos por um novo *status* de animais onívoros.

O estudo do trato digestivo da espécie humana, atualmente, permite classificá-la com certeza entre os animais onívoros, ou seja, com hábito alimentar diversificado, podendo incluir vegetais e carnes. Os opositores mais radicais ao consumo de carne procuram estabelecer teorias a respeito da dentição humana em comparação aos animais, características do trato digestivo, e outras possíveis evidências que possam sinalizar num hábito alimentar vegetariano, mas é indiscutível que somos capazes de digerir a carne com bastante competência e eficiência e, por outro lado, conseguimos facilmente nos adaptar a uma dieta sem carnes sem riscos para nossa saúde, lançando mão de outras fontes proteicas, além das carnes.

Para prosseguir no tema com segurança, é importante esclarecer alguns conceitos e classificações sobre os nomes utilizados para designar os tipos de dietas e hábitos alimentares:

Vegetarianismo – Várias interpretações e subdivisões do termo podem ser encontradas, mas, como a própria palavra diz, o verdadeiro vegetarianismo é aquele onde a dieta exclui completamente todo e qualquer tipo de alimento de origem animal, inclusive ovos, leite e mel. Uma outra corrente, ainda mais radical, é o veganismo, em que, além de não consumir produtos de origem animal, também não se utilizam roupas ou quaisquer produtos ou subprodutos de origem animal ou que tenham utilizado animais na produção ou em testes, nem mesmo vacinas, medicamentos ou soros.

Ovolactovegetarianismo – É a dieta em que o indivíduo acrescenta aos vegetais também ovos e leite. Há também os que se classificam como lactovegetariano, ovovegetarianos e aqueles vegetarianos semiestritos, que consomem somente vegetais e mel.

Semivegetarianismo – Quando apenas carnes vermelhas são excluídas da dieta. Pessoalmente, considero o uso deste termo incorreto e indesejável, afinal, ou se come carne ou não! Sem fazer juízo de valores a respeito da questão, acho um eufemismo querer se dizer semivegetariano, se há consumo de carne.

Onívoros – Incluem em sua dieta indistintamente produtos de origem vegetal e animal.

Mas, afinal, o vegetarianismo é algo desejável? A doutrina espírita faz apologia ao consumo de carne? E as respostas parecem ser muito complexas para respostas definitivas como sim ou não. O único ponto a respeito do qual ouso firmar uma posição pessoal é contra o vegetarianismo estrito. Lembrando que a carne foi introduzida no cardápio humano pelo crescimento de nossa massa encefálica, precisamos admitir que nosso cérebro permanece com estes níveis de complexidade e atividade, requerendo uma alimentação com elevada densidade nutricional. Minerais como ferro e zinco, vitaminas como D e B12 e alguns aminoácidos essenciais são impossíveis ou difíceis de obter apenas com vegetais se considerarmos as peculiaridades fisiológicas e anatômicas de nosso trato digestivo; ruminantes, por exemplo, possuem flora ruminal que sintetiza vitaminas K e do complexo B, não precisando ingeri-las na dieta. Em nossa espécie, a deficiência ou carência da vitamina B12 é uma possibilidade tão considerável que contraindica o uso de ácido fólico (vitamina B9) em gestantes vegetarianas, pois o ácido fólico poderia mascarar uma anemia por carência de B12, o que poderia ser arriscado para a gestante e o feto. A maior parte dos pediatras e nutricionistas contraindica o vegetarianismo estrito principalmente quando o corpo está em período de formação[2], mas, se for o desejo da família, torna-se imprescindível o auxílio de um nutricionista para acompanhar todos os passos da alimentação da criança, sob pena de estabelecimento de patologias e más-formações, principalmente do sistema nervoso.

Creio que o verdadeiro e mais imediato objetivo a ser perseguido é o estabelecimento de normas de criação mais rígidas, contemplando o bem-estar e a dignidade animal e respeitando os limites fisiológicos da espécie. O mesmo raciocínio pode ser aplicado a outros subprodutos animais, como, por exemplo, o mel, desde que tirado sem prejuízos para a colônia de abelhas. Os avanços nesta área são uma realidade, e a legislação já prevê medidas de proteção e normas de criação. Alguns exemplos são a lei de crimes ambientais, a Constituição Federal, instruções do Ministério da Agricultura, Pecuária e Abastecimento, Regulamentos dos Conselhos Profissionais.

Não podemos encarar a situação como uma relação de colaboração entre o homem e as outras espécies? Também não podemos encarar a cota de esforço de nossos amigos animais como trabalho realizado? Afinal, tudo na natureza é movimento, é trabalho. O importante é que a relação homem e animal baseie-se no respeito, como nos diz André Luiz em *Missionários da luz*[3], afir-

---

[2] Em crianças e jovens.
[3] O texto encontrado em *Missionários da luz* no cap. IV é: "Em todos os

mando que animais superiores e inferiores encontram-se juntos para evoluir através da colaboração, obediência, administração e do amor.

Em *O consolador*, Emmanuel[4], ao ser perguntado sobre se é errado alimentar-se de carne, expressa sua posição contrária ao consumo de carnes, caracterizando-o como "um erro de enormes consequências do qual derivam numerosos vícios da alimentação humana", e diz ainda que as proteínas para a alimentação humana podem ser obtidas em outras fontes que dispensam a existência de matadouros e frigoríficos e cita especificamente as proteínas vegetais. Mas, em nenhum momento cita ou condena a utilização de leite e outros produtos de origem animal e deixa um alerta de que, apesar da necessidade de mudança dos padrões alimentares, os radicalismos devem ser evitados, nos incitando ao exercício da paciência que todo processo de mudança requer, considerando que nem sempre tudo ocorre com a velocidade que desejamos, cada um tem seu tempo e seu momento.

> Temos de considerar, porém, a máquina econômica do interesse e da harmonia coletiva, na qual tantos operários fabricam o seu pão cotidia-

---

setores da Criação, Deus, nosso Pai, colocou os superiores e os inferiores para o trabalho de evolução, através da colaboração e do amor, da administração e da obediência".

[4] *O consolador* – Emmanuel na psicografia de Francisco Cândido Xavier. Questão 129.

no. Suas peças não podem ser destruídas de um dia para o outro, sem perigos graves. Consolemo-nos com a visão do porvir, sendo justo trabalharmos, dedicadamente, pelo advento dos tempos novos em que os homens terrestres poderão dispensar da alimentação os despojos sangrentos de seus irmãos inferiores.

Consideremos também que restaurantes, lanchonetes, almoços de família, reuniões de amigos, todos de maneira geral apresentam muitas poucas opções para quem opta por não consumir carne e isto torna a tarefa um pouco mais penosa para quem inicia sua caminhada.

Em termos ecológicos, devemos considerar a pegada ecológica[5] que o consumo de carnes provoca sobre o meio ambiente e cuja diminuição ou privação representaria um benefício ao nosso planeta. A atividade pecuária é o maior emissor de metano, que é um dos gases atuantes no efeito estufa, sendo cerca de 20 vezes mais potente que o dióxido de carbono (que também é emitido pela atividade) para o efeito e é também um dos maiores responsáveis pelo desmatamento de florestas

---

[5] O conceito de pegada ecológica é uma ideia em que os hábitos de vida e consumo de uma pessoa podem ser traduzidos em termos de uma determinada extensão de terra, uma área necessária para sustentar seu estilo de vida. A criação de animais demanda grandes extensões de áreas para criação animal, muitas vezes oriundas de desmatamentos para produção dos grãos para alimentar os animais e grandes quantidades de água na criação e depois no abate.

para a formação de novas pastagens. Para aqueles que ainda consomem carnes, um cuidado possível é optar por fornecedores certificados, o que garante que áreas de floresta não foram desmatadas para a criação (áreas utilizadas tanto para os animais quanto para o cultivo de alimentação para os animais), que os dejetos foram tratados para não contaminar o meio ambiente, através, por exemplo, de biodigestores e outras normas ambientais. Em contrapartida, podemos afirmar também que as atividades agrícolas também não são isentas de impacto ambiental, quando consideramos a redução da biodiversidade pelo cultivo de enormes áreas com a mesma espécie vegetal, pela indústria de fertilizantes e defensivos agrícolas que está atrelada ao seu desenvolvimento e pelo grande consumo de água para irrigação. Neste sentido, lembremos a polêmica de cunho ambiental, que há muito pouco tempo existiu em nosso país sobre a transposição das águas do rio São Francisco para ser utilizada para irrigação de áreas do sertão nordestino.

Quando consideramos o público espírita e trabalhadores de casas espíritas, devemos refletir sobre o ambiente espiritual de um matadouro e assumir que, quando consumimos carne, estamos ajudando a manter ativos tais ambientes, cuja melhor descrição que conheço é de André Luiz em *Missionários da luz*, que descreve um local com "grande número de desencarnados em lastimáveis condições", atirando-se sobre o sangue vivo como se pudessem beber o líquido. Espíritos ainda presos às amarras da matéria, vampirizando os fluidos vitais ainda presentes no sangue e nos despojos.

No caso daqueles que trabalham em grupos mediúnicos, nos passes e outros trabalhos da casa, a contraindicação é ainda maior, por questões fisiológicas envolvidas no trabalho, e novamente André Luiz[6] vem ao nosso socorro esclarecendo que a "alimentação, durante as horas que precedem o serviço de intercâmbio espiritual, será leve. Nada de empanturrar-se o companheiro com viandas desnecessárias. Estômago cheio, cérebro inábil."

A leveza recomendada por André Luiz se aplica a todo e qualquer excesso que possa nos desequilibrar em todos os momentos de nossa vida, mas principalmente nos dias em que desempenhamos atividades na casa espírita. Entre os excessos da alimentação pesada pode-se incluir a carne (por questões ecológicas, espirituais e fisiológicas pela digestão mais lenta), mas também o álcool, bebidas que contenham cafeína (cafés, alguns chás, refrigerantes de cola etc.), uma refeição farta de batata doce, frituras de vegetais em óleos vegetais e quaisquer outros exageros que demandem "grande parcela de energia" para a digestão. Acabemos com o "puritanismo" a respeito desta questão, que nada mais é que um "atavismo" nosso que carregamos para dentro do movimento espírita, centrando nossa atenção sobre alguns

---

[6] No livro *Desobsessão*, psicografado por Francisco Cândido Xavier, em seu segundo capítulo.

itens da alimentação e esquecendo-se que o importante em si é evitar os excessos, seja do que for.

Esse mesmo "puritanismo" explica uma tendência dos defensores do vegetarianismo que considero muito perigosa e equivocada, que é procurar defender sua opção de vida tentando vincular a questão dos hábitos alimentares ao caráter das pessoas. O versículo do Evangelho segundo Mateus citado no início do capítulo traz ainda o alerta de que prioritário é cuidarmos de nossas atitudes, procedimentos e sentimentos, refletidos em tudo aquilo que sai de nossa boca.

A doutrina espírita não é um roteiro estabelecido de proibições e recomendações, é uma doutrina consoladora e esclarecedora que explica os porquês e mostra os caminhos e não proíbe expressamente o consumo de carne. Uma coisa que não pode ser confundida é o hábito alimentar da pessoa com o seu caráter, ninguém é malvado ou bondoso por comer carne ou não, alguns exemplos desta afirmativa são Kardec e Chico Xavier[7], que comiam carne, e Divaldo Pereira Franco, que falou em entrevista que come carne em contraposição a um vegetariano como Hitler.

Chico Xavier[8] deixou uma verdadeira lição de paci-

---

[7] Um caso muito conhecido no meio espírita sobre um almoço de Chico Xavier com seu amigo Geraldo Guimarães no qual este teria se admirado em ver o médium comendo carne.

[8] A literatura espírita registra que Chico Xavier teria dito a frase para Geraldo Guimarães

ência e de naturalidade na condução da questão, quando disse que "na atual condição evolutiva dos habitantes da Terra é mais que natural que estes se alimentem de seus irmãos menores, mas que com o passar do tempo e a naturalidade própria de todas as coisas isso iria mudar". Uma fonte interessante de consulta a respeito do tema é o vídeo do programa *Pinga Fogo* gravado no ano de 1972 (e disponível na internet), quando Chico, respondendo a uma pergunta do público, se manifestou a respeito do consumo de carnes afirmando que, frente à cooperação compulsória que os animais vêm nos fornecendo há milênios, não devemos tomar uma atitude radical, mas, sim, devemos educar nosso organismo para realizar esta adaptação necessária.

Para Camille Flammarion[9], "a questão é alimentar-se bem e estabelecer uma conveniente harmonia entre os regimes, vegetal e animal". O assunto é polêmico, as opiniões expressas são pessoais e deixo ao leitor a análise e o julgamento dos argumentos, o importante é refletir a respeito.

Radicalismos à parte, não consigo ver desrespeito aos nossos irmãos animais no fato de consumir outros produtos que os animais podem nos oferecer como leite, ovos, mel e seus derivados. As "amas de leite" não são verdadeiros exemplos de caridade e fraternidade? Um dia, em um documentário sobre a Amazônia, vi a cena de uma índia que carregava no colo sua filha e tam-

---

[9] Em seu livro *Deus na Natureza*.

bém um macaco e dava de mamar a ambos, um em cada seio, será que a índia se sentia ofendida ou explorada em dividir o leite de sua filha com o macaco? Por que não podemos complementar a alimentação de nossos filhos com o leite das vacas? A cena da ordenha de uma vaca em uma paisagem rural, longe de despertar o sentimento de culpa ou a visão de maus-tratos, costuma despertar paz e integração à natureza, bem de acordo com o que disse Alexandre para André Luiz:

> Encarecíamos, com toda a responsabilidade da ciência, a necessidade de proteínas e gorduras diversas, mas esquecíamos de que a nossa inteligência, tão fértil na descoberta de comodidade e conforto, teria recursos de encontrar novos elementos e meios de incentivar os suprimentos proteicos ao organismo, sem recorrer às indústrias da morte. Esquecíamo-nos de que o aumento de laticínios para enriquecimento da alimentação constitui elevada tarefa, porque tempos virão, para a Humanidade terrestre, em que o estábulo, como o Lar, será também sagrado.
>
> ***Missionários da luz*** [10]

---

[10] *Missionários da Luz* – espírito André Luiz psicografado por Francisco Cândido Xavier. Cap. IV.

Por enquanto, façamos o possível reduzindo desde já o consumo de carnes, depois procuremos privilegiar as "carnes brancas" para em seguida optar apenas por peixes para em seguida alimentar-se de vegetais e laticínios. E quem sabe possamos um dia num futuro próximo da humanidade encarnada almejar conquistas maiores, no campo de nossa alimentação, até que possamos nos alimentar exclusivamente de amor, assim como Lísias e sua mãe informaram a André Luiz:

...a mãe de Lísias veio ao encontro dos meus desejos, explicando:
– Nosso irmão talvez ainda ignore que o maior sustentáculo das criaturas é justamente o amor. De quando em quando, recebemos em "Nosso Lar" grandes comissões de instrutores, que ministram ensinamentos relativos à nutrição espiritual. Todo sistema de alimentação, nas variadas esferas da vida, tem no amor a base profunda. O alimento físico, mesmo aqui, propriamente considerado, é simples problema de materialidade transitória, como no caso dos veículos terrestres, necessitados de colaboração da graxa e do óleo. A alma, em si, apenas se nutre de amor. Quanto mais nos elevarmos no plano evolutivo da Criação, mais extensamente conheceremos essa verdade. Não lhe parece que o amor divino seja o cibo do Universo?

Tais elucidações confortavam-me sobremaneira. Percebendo-me a satisfação íntima, Lísias interveio, acentuando:

– Tudo se equilibra no amor infinito de Deus, e, quanto mais evolvido o ser criado, mais sutil o processo de alimentação. O verme, no subsolo do planeta, nutre-se essencialmente de terra. O grande animal colhe na planta os elementos de manutenção, a exemplo da criança sugando o seio materno. O homem colhe o fruto do vegetal, transforma-o segundo a exigência do paladar que lhe é próprio, e serve-se dele à mesa do lar. Nós outros, criaturas desencarnadas, necessitamos de substâncias suculentas, tendentes à condição fluídica, e o processo será cada vez mais delicado, à medida que se intensifique a ascensão individual.

André Luiz[11]

---

[11] *Nosso Lar* – Cap. 18 – Amor, alimento das almas.

A DOR

...o sofrimento é indispensável ao progresso espiritual.

Gabriel Dellane

Quem é, de fato, o culpado? É aquele que, por um desvio, por um falso movimento da alma, se afasta do objetivo da Criação, que consiste no culto harmonioso do belo, do bem, idealizados pelo arquétipo humano, pelo Homem-Deus, por Jesus-Cristo. Que é o castigo? A consequência natural, derivada desse falso movimento; uma soma de dores necessária a desgostá-lo da sua deformidade, pela experimentação do sofrimento. O castigo é o aguilhão que excita a alma, pela amargura, a se dobrar sobre si mesma e a voltar ao porto da salvação. O objetivo do castigo não é outro senão a reabilitação, a redenção.

O Livro dos Espíritos[1]

---

[1] *O Livro dos Espíritos* – Capítulo II – Das penas e gozos futuros – Duração das penas futuras – questão 1009 – Paulo Apóstolo.

Atualmente, um dos conceitos de dor mais amplamente utilizado pela comunidade científica é o estabelecido pela Associação Internacional para o Estudo da Dor (IASP)[2], que a define como "uma experiência sensorial e emocional desagradável que é associada a lesões reais ou potenciais". A definição da IASP nos traz reflexões importantes, como a inclusão de um componente emocional da dor, que a torna subjetiva e particular a cada indivíduo. Pessoalmente, acho que o conceito é muito bom, mas inexato. Desenvolvendo e aprofundando o assunto, devemos fazer uma distinção entre dor e sofrimento, sendo a dor o resultado de percepção neurológica de um fenômeno perigoso para a integridade orgânica, e o sofrimento, o componente emocional desagradável envolvido em lesões potenciais, sejam reais ou até mesmo imaginárias.

Se assim pensarmos, dor é algo mais palpável e mensurável, mesmo que de forma difícil e muitas vezes beirando o subjetivo. Já o sofrimento é realmente uma experiência emocional, essencialmente subjetiva e dependente dos valores, expectativas, experiências e crenças do indivíduo. Portanto, tendo em vista o mundo material que habitamos, a dor é inevitável, mas as diferentes formas como a encaramos tornam o sofrimento opcional. Na mesma linha de raciocínio podemos pensar, que, *grosso modo*, os animais estão sujeitos apenas à dor, enquanto os homens sentem a dor e o sofrimento,

---

[2] Internacional Association for Study of Pain (IASP), em 1986.

sendo o maior deles o sofrimento moral. A supervalorização do aspecto material, o materialismo, torna o sofrimento cada vez maior, e, por isto, observamos pessoas diferentes passarem por problemas idênticos com reações tão distintas, dependendo de sua espiritualidade.

> Se o homem é, quase sempre, o artífice de seus sofrimentos materiais, também será o causador de seus sofrimentos morais?
> Mais ainda, porque os sofrimentos materiais algumas vezes independem da vontade; mas, o orgulho ferido, a ambição frustrada, a ansiedade da avareza, a inveja, o ciúme, todas as paixões, em suma, são torturas da alma.
>
> *O Livro dos Espíritos*[3]

A doutrina espírita nos traz o entendimento de que, considerando o estágio evolutivo do planeta Terra e de seus habitantes, a dor é inevitável e faz parte do cenário. Não é castigo, pois isto implicaria num Deus humanizado e vingativo, é apenas uma consequência natural de nosso afastamento das Leis Divinas que nos alerta para retomarmos o caminho correto. Como disse Paulo Apóstolo, em *O Livro dos Espíritos* e citado no início do

---

[3] *O Livro dos Espíritos* – Parte 4 – Das esperanças e consolações – Capítulo 1 – Das penas e gozos terrestres – Felicidade e infelicidades relativas – questão 933.

capítulo, é a consequência natural, o cumprimento automático da inexorável lei de causa e efeito, pois de outra forma negaríamos a justiça divina.

Um bom exemplo para ilustrar que a dor não é castigo ou maldição, mas sim uma mestra e um precioso aviso que temos à disposição, é o caso dos pacientes com Síndrome de Riley-Day. Os portadores desta síndrome possuem uma alteração num cromossomo que, entre outras alterações, lhes retira a sensibilidade dolorosa, e seus portadores possuem uma expectativa de vida menor que a população em geral, pois sem a sensibilidade dolorosa ficam mais expostos a consequências negativas através de ferimentos. Imaginemos o suplício dos pais de uma criança com Riley-Day! Como cuidar de uma criança com vontade de experimentar o mundo e brincar, mas sem o freio da dor, crianças que fraturam os braços, se machucam e não sentem dor?

Além da expiação e do resgate pelo afastamento das leis, podemos também enxergar a dor como parte do processo evolutivo, sendo o esforço necessário para a realização do trabalho, é a Dor evolução, muito bem definida por Gabriel Dellane[4] quando afirmou que "a luta pela vida, por mais impiedosa que nos pareça, é o meio único, natural e lógico para obrigar a alma infantil a manifestar as suas faculdades latentes, assim como o sofrimento é indispensável ao progresso espiritual".

---

[4] Em *A evolução anímica*, capítulo III – O instinto.

O exemplo mais bonito disto é o caso da borboleta, que para emergir do casulo precisa se espremer por uma pequena abertura na crisálida, e este esforço, esta dor, empurra sua hemolinfa para as asas, sem o que não conseguiria voar. Facilitemos a borboleta cortando o seu casulo, poupando-a da dor, e ela ficará murcha, sem conseguir voar, e perecerá.

Portanto, a dor não é castigo, é mestra, e o analgésico definitivo para a dor é nossa evolução espiritual! Pois, em plantando só coisas boas, colheremos maravilhas.

BIOÉTICA E EXPERIMENTAÇÃO ANIMAL

Avalia-se o grau de civilidade de um povo pela forma como trata seus animais.

Alexander von Humboldt[1]

Esquivar-se de qualquer tirania sobre a vida animal, não agindo com exigências descabidas para a satisfação de caprichos alimentares nem com requintes condenáveis em pesquisas laboratoriais, restringindo-se tão somente às necessidades naturais da vida e aos impositivos justos do bem.

André Luiz[2]

---

[1] Alexander von Humboldt (1769-1859), o barão de von Humboldt, encarnou em Berlim, foi um notável cientista, geógrafo e naturalista e autor de trabalhos nas mais diversas áreas do conhecimento. Sua principal obra se chama Kosmos. Humboldt provou, em 1797, o fenômeno da "eletricidade animal" proposto por Galvani.

[2] Em *Conduta espírita* – Capítulo 33, psicografado por Waldo Vieira.

Bioética[3] vem do grego *bios* (vida) e *ethos* (relativo à ética). O termo foi cunhado em 1927 pelo pastor evangélico alemão Fritz Jahr, que definiu bioética como o reconhecimento de obrigações éticas, não apenas com relação ao ser humano, mas para com todos os seres vivos. O pioneiro Fritz foi extremamente feliz ao criar o termo já abrangendo a vida animal, pois, se reconhecemos ser dever ético de todo o cristão buscar aliviar a dor de nosso próximo, por que não haveríamos de estender este dever aos nossos irmãos animais?

Se a medicina atingiu níveis de eficiência extraordinários no combate à dor nos homens, por que não nos dedicarmos a aplicá-los aos nossos irmãos? Modelos experimentais e possibilidades de estudos *in vitro* estão disponíveis, então, por que não privilegiá-los? E naqueles casos em que os estudos tornarem indispensáveis a participação de animais, assim como existem os estudos em que as "cobaias" humanas são insubstituíveis, que as comissões de bioética com ampla representatividade possam conseguir fazer com que os estudos sejam conduzidos com o menor número de animais possível, tendo sempre em mente o menor sofrimento físico e emocional aos animais.

Com a evolução do espírito humano, o animal passou de objeto, do qual o homem pode dispor como bem

---

[3] A palavra foi criada pelo pastor evangélico alemão Fritz Jahr (1895-1953), em 1927, numa publicação para o periódico Kosmos intitulada Bio-Ethik.

quiser, a um ser vivo digno de respeito. Hoje a preocupação com o bem-estar animal está presente em todos os setores da sociedade. Hospitais mantêm comissões de ética, faculdades sujeitam seus projetos de pesquisas aos comitês de bioética, o governo federal mantém a comissão nacional de ética em pesquisa e entidades de classe também mantêm organizações parecidas. No caso da veterinária, o CFMV mantém a Comissão de Ética, Bioética e Bem-Estar Animal (CEBEA), que trabalha discutindo o assunto e estabelecendo normatizações para os médicos veterinários sobre o assunto, abates humanitários, pesquisas com animais, eutanásias etc.

O avanço da ciência é obra de Deus, que nos permite sondarmos o Universo com nossa inteligência. Como disse Paulo, tudo nos é lícito, mas nem tudo nos é conveniente, e é por isto que precisamos ter ética na condução dos processos. Mas o que é ética? A doutrina espírita nos traz que moral é a regra do bom proceder, e que o bem é tudo aquilo que está de acordo com as leis divinas, portanto, ética ou moral seria tudo aquilo de acordo com a lei divina ou natural.

Segundo Mário Sérgio Cortella[4], ética é o conjunto de valores e princípios que utilizamos para decidir as três

---

[4] Em entrevista ao programa Jô Soares. Cortella é filósofo, mestre e doutor em educação, professor do Depto. de Fundamentos da Educação e da Pós-Graduação em Educação da PUCSP desde 1977, e no Depto. de Teologia e Ciências da Religião (informações do Currículo Lattes na plataforma do CNPQ).

grandes questões da vida, a saber: quero? devo? posso? Conhecendo a doutrina espírita e aplicando ao caso dos animais, sabemos que devemos respeito e proteção aos nossos irmãos "menores", que podemos traduzir em ações concretas, bastando vontade para isto. Resta apenas o querer, que atingiremos através do amor a todos os seres da criação, não somente amando os animais, mas demonstrando um comportamento ecologicamente responsável e de respeito à natureza.

A EUTANÁSIA ANIMAL

*Os animais progridem, como o homem, por ato da própria
vontade, ou pela força das coisas?
Pela força das coisas, razão por que não há expiação para eles.*

O Livro dos Espíritos[1]

O tema da eutanásia animal me toca profundamente como pessoa e como profissional médico veterinário. Pessoalmente, minha primeira experiência pessoal com eutanásia foi com meu primeiro cão, uma fêmea da raça Pastor Alemão, chamada Hulla, que, com todo respeito aos meus outros cães, ocupava e ainda ocupa um lugar especial em meu coração. Ela adoeceu enquanto eu estava em outro estado e ao retornar a encontrei moribunda, como que esperando que eu chegasse para morrer, e então optei por realizar a eutanásia. E, profissionalmente, a eutanásia é uma questão quase diária para quem trabalha na clínica animal.

Mas o que a doutrina nos diz sobre eutanásia, do grego "boa morte", ou, eufemisticamente, como algumas vezes se prefere dizer: "abreviar o sofrimento"?

---

[1] *O Livro dos Espíritos* – Cap. XI – Dos três reinos – O animal e o homem questão 602.

É muitas vezes apenas em seu leito de morte que o ser humano se dispõe a realizar reflexões profundas e tomar decisões que alteram seu destino, como espírito que é, e tais ganhos espirituais que estes momentos propiciam superam em muito o "momentâneo desconforto" material da dor. Não havendo nos animais débitos a resgatar, podemos pensar qual seria a utilidade de um sofrimento pelo qual um animal moribundo passa, considerando que Deus em sua infinita justiça e sabedoria não os permitiria sofrer desnecessariamente?

Se prestarmos mais atenção à resposta da espiritualidade à questão 602, vamos perceber que os animais, apesar de não estarem sujeitos à expiação, estão sujeitos ao progresso por força das coisas, e não será a dor um dos agentes deste progresso? De acordo com Emmanuel[2], não se sofre apenas para expiar, sofre-se também para conquistar algo. Não se trata aqui de nenhuma apologia à dor, nem a busca da dor como forma de se evoluir, mas quando ela ocorre e é inevitável traz consigo o impulso de progresso. Devemos encarar a dor como uma mestra (e não um castigo) que nos sinaliza de forma desagradável, que transgredimos a lei divina e que, portanto, devemos voltar a observar a lei sob pena de prolongar o sofrimento. Vou tentar me explicar com um exemplo: um cão que tenha atravessado a rua e sido atropelado, relembra da

---

[2] Comunicação de Emmanuel recebida por Chico Xavier em sessão pública na Comunhão Espírita Cristã – 14/12/1969, em Uberaba/MG.

dor que sentiu para não mais cometer aquele erro. Não há nenhuma expiação no caso do atropelamento do cão e, no entanto, a dor lhe ensinou que deverá ser mais prudente no futuro ao atravessar a rua; se, ao contrário, não tivesse sentido nenhuma dor, quem sabe quantas vezes repetiria o fato até que um dia morresse num destes acidentes, sem aprendizado ou utilidade prática.

A dor pode representar para nossos irmãos animais um ensinamento e, pensando assim, temos que admitir que a doutrina espírita nos sinaliza para que façamos a eutanásia de um animal apenas quando entendemos que o sofrimento é consideravelmente grande, irreversível e não pode ser amenizado com os medicamentos disponíveis.

No caso da Medicina Veterinária, o CFMV mantém a Comissão de Ética, Bioética e Bem-Estar Animal (CEBEA), que trabalha discutindo o assunto e estabelecendo normatizações para os médicos veterinários sobre métodos aceitos e proibidos de eutanásia e em que casos é aceitável e outros assuntos afins. A preocupação do CFMV já redundou na Resolução Normativa 714/2002, que trata de procedimentos e métodos de eutanásia em animais, e em breve o CFMV lançará o "Guia Brasileiro de Boas Práticas em Eutanásia em Animais"[3].

---

[3] Notícia intitulada: "Os assuntos bem-estar animal e eutanásia são destaques no CFMV", veiculada no *site* do Conselho Federal de Medicina Veterinária em 16/12/2011. Fonte: http://www.cfmv.gov.br/portal/destaque.php?cod=735 acesso em 17/12/2011.

NATUREZA E ECOLOGIA

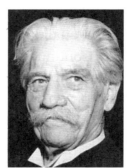

Quando o homem aprender a respeitar até o menor ser da criação, seja animal ou vegetal, ninguém precisará ensiná-lo a amar seu semelhante.

Albert Schweitzer[1]

É que, por ser ingrato, o homem a despreza! A Terra, no entanto, é excelente mãe. Muitas vezes, também, o homem acusa a Natureza daquilo que só resulta da sua imperícia ou da sua imprevidência.

O Livro dos Espíritos[2]

---

[1] Albert Schweitzer (14/1/1875 a 4/9/1965) foi um teólogo, músico, filósofo e médico alemão, encarnado na Alsácia, então parte do Império Alemão e desencarnado na África no Gabão, onde atuou na medicina e ensinava o evangelho. Ganhador do Prêmio Nobel da Paz em 1952.

[2] *O Livro dos Espíritos* – Parte terceira – Das leis morais – Capítulo V – Da lei de conservação – Meios de conservação – Questão 705.

Durante o 6º Congresso Estadual Espírita do Rio Grande do Sul, que ocorreu em outubro de 2011, o palestrante André Trigueiro levantou aos presentes um questionamento importante e que devemos nos fazer: "Qual será a característica física do planeta regenerado? Será, com certeza, mais evoluído moralmente, mas qual será a qualidade de vida e dos ecossistemas do planeta?" Continuou afirmando que não tinha conhecimento de nenhuma literatura sobre o assunto que descrevesse as características físicas e ecológicas do planeta regenerado e concluiu seu raciocínio dizendo que no seu ponto de vista tal fato pode ser o indicativo de que esta questão está em aberto em nossas mãos, em nosso livre-arbítrio. Compartilho do pensamento de André Trigueiro, que vem ao encontro do fato de que não há nada fatalmente determinado em nosso "destino", o futuro é uma construção de nosso presente e negar isto seria negar o livre-arbítrio. Somente o progresso é inevitável, mas os caminhos que percorreremos para obtê-lo e as condições da jornada dependem de nossas escolhas, portanto, concordo com Trigueiro quando diz que as condições físicas e ecológicas do planeta regenerado dependem de nossas escolhas hoje.

Segundo *O Livro dos Espíritos*[3], o planeta "produziria sempre o necessário" se o homem soubesse se contentar

---

[3] *O Livro dos Espíritos* – Parte terceira – Das leis morais – Capítulo V – Da lei de conservação – Meios de conservação – Questão 705.

com o necessário, mas a sociedade capitalista de consumo em que vivemos possui um forte apelo consumista que tende a nos afastar de uma vida mais simples e dedicada às questões morais. Vivemos um tempo em que infelizmente TER é mais importante que SER, desprezando a nossa realidade espiritual e causando um sentimento de frustração que se traduz em suicídios, depressões, revolta etc. Contudo, o modelo materialista encontra-se saturado, e iniciativas em favor de um estilo de vida mais simples surgem em diversos lugares, mostrando que a humanidade começa a compreender a verdade contida em *O Livro dos Espíritos*, que nos diz que "a Natureza não é imprevidente, o homem é que não sabe moderar o seu modo de viver".

A natureza possui uma enorme capacidade de recuperação, suportando muitas das agressões de origem humana, mas esta capacidade possui um limite. Se todos nós quisermos ter um padrão de vida norte-americano, não haverá planeta suficiente para fornecer os recursos naturais para todos; então, por uma questão de lógica e sobrevivência, precisamos mudar o rumo de nossas atitudes.

Precisamos olhar para a Natureza como uma verdadeira mãe que nos fornece os meios de sobrevivência, e aprender a nos despreocupar com a acumulação de bens materiais, pois esta preocupação tem suas raízes profundas no sentimento de egoísmo. Observemos o alerta do mestre registrado no evangelho de Mateus, capítulo 6, versículos 25 a 30, sobre os pássaros do céu e os lírios do campo, que pode parecer uma apologia à imprevidência, mas que, conforme *O Evangelho segundo o Espiritismo*[4], é na verdade um alerta para que tenhamos a certeza de que receberemos tudo aquilo que for de nosso merecimento. Portanto, não precisamos pensar egoisticamente em juntar os tesouros da Terra, pois nossas colheitas são resultados de nossas semeaduras; trocando em miúdos, em termos materiais, não precisamos acumular bens e mais bens, precisamos acumular potencialidades, inteligência, qualidades morais, conhecimentos e tudo aquilo que nos faz SERmos melhores, pois naturalmente, TERemos tudo aquilo a que fizermos jus.

Portanto, desistamos da posse incessante sobre as coisas, os animais não estão aí para serem usados por nós, são irmãos menores que devem caminhar juntamente conosco. Têm os seus direitos à vida, meio ambiente, liberdade e respeito. A legislação ambiental vem progredindo neste sentido e reconhecendo que a natureza deve ser protegida e preservada para o bem desta e das futuras gerações.

O espírita possui diversos motivos a mais para adotar uma postura ecológica, sustentável e preservacionista. Pois sabe que, segundo a lei de causa e efeito, seremos cobrados pelas agressões que tivermos causado

---

[4] No capítulo XXV – Buscai e achareis – Observai os pássaros do céu, itens 7 e 8.

contra os seres da criação e, mais ainda, a doutrina das existências sucessivas esclarece que as futuras gerações seremos nós mesmos reencarnados, colhendo na "terceira ou na quarta geração as iniquidades de seus pais".

Façamos então o possível ao nosso alcance, escolhendo produtos que causem menos impacto no meio ambiente, reduzindo a quantidade de resíduos produzidos, economizando água, andando a pé ou de bicicleta quando possível, diminuindo o consumo de eletricidade, diminuindo o consumo de carne, separando o lixo para reciclagem e uma série de atitudes que diminuem o impacto de nossas atividades diárias sobre o meio ambiente.

Um verdadeiro espírita não deveria se permitir possuir um aquário, terrário ou quaisquer outros animais de estimação que tenham sido coletados na natureza gerando prejuízo aos ecossistemas. Para ilustrar o raciocínio, posso citar o exemplo do aquarismo do qual sou adepto. Possuo em casa um aquário plantado de água doce, no qual procuro não incluir peixes coletados na natureza (normalmente nos rios amazônicos), mas não tenho nada contra manter peixes reproduzidos em cativeiro, desde que eu consiga satisfazer suas necessidades com a devida dignidade. Todo e qualquer animal sob nossa tutela tem o direito de ter preenchidas as suas necessidades comportamentais e orgânicas básicas, de acordo com a sua espécie. Acho um verdadeiro crime contra a vida os casos em que, sem o menor preparo e estudo prévio, alguém resolve montar um aquário, achando que basta comprar o recipiente de vidro e encher de água e peixes, o que invariavelmente culmina com a morte de diversos deles. Onde está o respeito à vida?

Tudo isto pode parecer menos romântico do que salvar as baleias ou os ursos pandas, mas implica ajustar nossos conceitos éticos sobre o direito à vida, sendo o primeiro e imprescindível passo que nos trará a necessária consciência para entender a necessidade em se proteger o meio ambiente e diminuir o impacto sobre os ecossistemas, garantindo o direito à vida de nossos irmãos animais e primos vegetais.

Trabalho animal

> O uso edifica, o abuso destrói.
> Opor-se ao trabalho excessivo dos animais, sem lhes administrar mais ampla assistência.
>
> André Luiz[1]

Com a domesticação dos animais, o trabalho animal passou a acompanhar a humanidade, tornando-se um dos principais fatores que propiciaram o desenvolvimento da sociedade humana. A tração animal em arados produzindo os indispensáveis alimentos, ou transportando materiais, o meio de transporte fornecido por equídeos, bovídeos, camelos e outros moldaram a face das comunidades e cidades até a Idade Média. No caso do cavalo, a importância como meio de progresso para a humanidade foi tamanha em suas diversas utilidades (tração, agricultura, transporte etc.) que se pode inclusive arriscar a dizer que a humanidade como conhecemos hoje só foi possível devido aos cavalos.

---

[1] *Conduta espírita,* Capítulo 33 – Perante os animais, psicografado por Waldo Vieira.

Com a revolução industrial[2] e a invenção das primeiras máquinas a vapor[3], no século XVIII, o trabalho animal começou a cair progressivamente em importância até a realidade atual, onde é praticamente dispensável. Praticamente, porque em algumas funções continuam insubstituíveis.

Mas o que a doutrina espírita tem a nos dizer sobre o trabalho? E o que podemos pensar sobre o trabalho animal sob o prisma do espiritismo?

O Livro dos Espíritos, em sua parte terceira, que trata sobre as leis morais, fala em seu capítulo III sobre a lei do trabalho. Afirma que o trabalho é qualquer ocupação útil (material ou intelectual) e é lei na natureza, mas também estabelece os seus limites e a necessidade de repouso.

> Tudo trabalha na Natureza. Como tu, os animais trabalham, mas o trabalho deles, como a inteligência de que dispõem, se limita a cuidarem da própria conservação. Eis porque, entre eles, o trabalho não resulta em progresso, ao passo que, entre os homens, tem dupla finalidade: a conservação do corpo e o desenvolvimento da faculdade de pensar, que é também uma necessidade e o eleva acima de si mesmo. Quando digo que o trabalho dos animais é limitado ao cuidado da

---

[2] Que se iniciou na Inglaterra em meados do século XVIII.
[3] Construídas na Inglaterra.

própria conservação, refiro-me ao objetivo com que trabalham. Entretanto, quando provêm às próprias necessidades materiais, eles se constituem, mesmo de forma inconsciente, em agentes dos desígnios do Criador, e o trabalho que executam não é menos importante para o objetivo final da Natureza, embora quase sempre não possais ver o seu resultado imediato.

O Livro dos Espíritos[4]

André Luiz, em dois trechos do capítulo 33 de *Nosso Lar*[5] transcritos a seguir, nos deixa o relato de que inclusive no mundo espiritual há também o trabalho animal, vejamos:

> Seis grandes carros, formato diligência, precedidos de matilhas de cães alegres e bulhentos, eram tirados por animais que, mesmo de longe, me pareceram iguais aos muares terrestres. Mas a nota mais interessante era os grandes bandos de aves, de corpo volumoso, que voavam a curta distância, acima dos carros, produzindo ruídos singulares.

---

[4] *O Livro dos Espíritos* – As leis morais – Capítulo III – Da lei do trabalho – questão 677.

[5] Intitulado "Curiosas observações".

Os cães facilitam o trabalho, os muares suportam cargas pacientemente e fornecem calor nas zonas onde se faça necessário; e aquelas aves – acrescentou, indicando-as no espaço –, que denominamos íbis viajores, são excelentes auxiliares dos Samaritanos, por devorarem as formas mentais odiosas e perversas, entrando em luta franca com as trevas umbralinas.

Combinando as informações que *O Livro dos Espíritos* nos traz sobre a lei do trabalho com as afirmativas de André Luiz transcritas, somos forçados a concluir que o trabalho é lei na natureza, ou seja, para todos os seres da criação, mesmo que em condições e com consequências diferentes.

O espiritismo nos traz o trabalho como condição imprescindível, mas também nos traz o dever de observar o limite e o descanso digno de acordo com o bom-senso. Pensando assim, não há mal em utilizar um cavalo como meio de tração para a subsistência de uma família, quando não houver meio de substituí-lo e caso se observem a saúde, o bem-estar do cavalo e o suficiente descanso, inclusive sua aposentadoria digna quando a idade chegar. Também não vejo maus-tratos nos casos dos cães farejadores que auxiliam as forças de segurança na busca de drogas e também em tragédias buscando vítimas sob escombros, dos cães guias, dos animais utilizados em zooterapia e diversas outras áreas onde os animais são insubstituíveis. Nada de indigno há nestes casos de trabalho animal, sempre que se respeitem os limites dignos e a natureza animal, afinal, trabalho é lei da natureza, e o erro segundo André Luiz está no abuso e no excesso.

Um dos pontos que mais provoca discussões acaloradas sobre o trabalho animal e que merece uma citação especial é sobre a utilização de animais em espetáculos circenses. A Sociedade Mundial de Proteção Animal (WSPA) adota uma postura rigorosamente contrária, mantendo inclusive uma campanha intitulada "Circo legal não tem animal", e diversos Estados brasileiros também já possuem legislações proibindo esta prática, e, em nível nacional, o uso de qualquer espécie animal, domésticos ou silvestres, em espetáculos circenses poderá ser proibido caso um Projeto de Lei[6] de autoria de Angela Guadagnin (PT-SP) seja aprovado pelo Congresso. Outro Projeto de Lei[7], um pouco menos restritivo, é de autoria de Ada Mello (PTB-AL), que pretende alterar a Lei de Crimes Ambientais[8] de forma a proibir a utilização ou exibição de animais da fauna brasileira ou exótica em circos, não incluindo, portanto, os animais domésticos.

Quanto aos animais silvestres, a questão é indubitável e não há como adotar qualquer postura favorável. Retirar um animal de seu *habitat* sem reconstituir um

---

[6] Projeto de Lei n° 6.445/05.
[7] PLS 407/08.
[8] Lei n° 9.605/98.

ambiente semelhante, como o que ocorre nos zoológicos (que possuem preocupações preservacionistas), o que é impossível quando se viaja constantemente, é uma violência contra a natureza do animal. Já quanto aos animais domésticos, como, por exemplo, em apresentações de cães adestrados, não haveria mal, se os animais tivessem respeitados os seus direitos de se manter em saúde plena, de brincar, de repouso e todas as demais necessidades, mas tal fato só é possível com um número de apresentações bem menor que o usual, que é de mais de uma apresentação por dia quase todos os dias.

Portanto, a sociedade parece caminhar para a proibição, cedo ou tarde, do uso de qualquer animal em circos, o que parece ser correto frente à rotina incessante do circo.

Conclusão

Após abordar tantos aspectos diferentes a respeito de nossa relação com os animais, estes nossos companheiros de jornada neste pequeno planeta azul chamado Terra, espero sinceramente poder ter contribuído, com minha humilde e falível opinião, para estimular no amigo leitor uma postura mais crítica sobre o tema, sem radicalismos, em que os aspectos emocionais, aliados à razão e ao bom-senso, possam determinar nossa conduta perante a Natureza.

Como já disse anteriormente, não pretendi fornecer verdades prontas sobre nenhum tema, pois em nosso grau de evolução, como espíritos imperfeitos que ainda somos, habitando este planeta Terra, nenhum de nós está de posse destas verdades, contudo, temos o dever de buscar exercitar nosso livre-arbítrio com consciência e respeito, buscando uma convivência mais harmoniosa não somente com nosso semelhante, mas também com os animais, com a Natureza, enfim, com toda a Criação, da qual não só fazemos parte, mas também somos partícipes de sua construção, na condição de cocriadores.

Então, que possamos cultivar estilos de vida mais saudáveis, mais sustentáveis, com mais respeito ao meio ambiente, a todos os seres da criação, para que assim todos nós possamos construir um futuro melhor para este planeta e para as futuras gerações, dentro das quais reencarnaremos.

Referências

Barbosa, Severino. *Conheça a alma dos animais*. Capivari, Editora EME, 2011.

Benedeti, Marcel. *Todos os animais são nossos irmãos*. 6ª ed., 1ª reimp. Guarulhos, Mundo Maior, 2012.

BOZZANO, Ernesto. *A alma nos animais – a ligação especial entre o homem e o animal*. Trad. Gabriela de França Nanni. São Paulo, Editora Golden Books, 2007.

Canesqui, Ana Maria & garcia, Rosa Wanda Diez (Orgs.). *Antropologia e nutrição: um diálogo possível*. Rio de Janeiro, Editora Fundação Oswaldo Cruz, 2005.

Collins, Francis S. *A linguagem de Deus – um cientista apresenta evidências de que Ele existe*. Trad. Giorgio Cappelli. São Paulo, Editora Gente, 2007.

Cuminale, Natalia & dias, Marina. *O papel da carne na evolução humana – saúde*. Especial para a revista *Veja*. Disponível em: <http://veja.abril.com.br/noticia/saude/papel-carne-evolucao-humana>. Acesso em: 01 nov. 2011.

Darwin, Charles. *A origem das espécies e a seleção natural*. Trad. Eduardo Fonseca. 5ª ed. São Paulo, Editora Hemus, 2000.

Dellane, Gabriel. Biografia resumida. In: *Autores espíritas clássicos*. Disponível em: <http://www.auto-

resespiritasclassicos.com/Gabriel%20Delanne/
Inicio%20Site%20Gabriel%20delanne/Gabriel%20
Delanne%20Livros%20Gratis.htm>. Acesso em: 20
abr. 2012.

_____. *A evolução anímica – estudos sobre psicologia fisiológica segundo o espiritismo*. 12ª ed., 5ª reimp. Rio de Janeiro, Editora FEB, 2010.

_____. *A reencarnação*. 13ª ed., 3ª reimp. Rio de Janeiro, Editora FEB, 2011.

DENIS, Léon. *No invisível*. 1ª ed. especial. Rio de Janeiro, Editora FEB, 2008.

DOSA, David M. *A Day in the Life of Oscar the Cat*. N Engl J Med 2007, 26 jul. 2007, pp. 357:328-329.

DUSI, Miriam (coord.). *Sublime sementeira: evangelização espírita infantojuvenil*. 1ª ed., 2ª reimp. Brasília, Editora FEB, 2012.

ÉSQUILO. *Prometeu acorrentado*. Trad. J. B. de Mello e Souza. eBooksBrasil, 2005.

FLAMMARION, Camille. *Deus na natureza*. 7ª ed. Rio de Janeiro, Editora FEB, 2002.

FILGUEIRAS, Marcelo Quesado. *Glândula pineal: revisão da anatomia e correlações entre os marca-passos e fotoperíodos na sincronização dos ritmos circadianos*. HU Ver, v. 32, n. 2, p. 4, 7-50, abr.-jun. 2006. Disponível em: <http://www.aps.ufjf.br/index.php/hurevista/article/download/16/11>. Acesso em: 07 nov. 2011.

FONSECA, Alexandre Fontes da. Ciência e Espiritismo:

um alerta de Allan Kardec e André Luiz! *In: Revista Internacional de Espiritismo*, ano LXXVIII, n. 9, out. 2003, p. 476.

GOLDIM, Roberto. Bioética: origens e complexidade. *Rev HCPA*, 26(2), Seção Bioética, p. 87 a 92, 2006. Disponível em: <http://www.ufrgs.br/bioetica/complex.pdf>. Acesso em: 17 dez. 2011.

GONÇALVES, Fabiana Santos. *Experimento de Miller*. Disponível em: <http://www.infoescola.com/evolucao/experimento-de-miller>. Acesso em: 07 nov. 2011.

HESÍODO. *Teogonia, a origem dos deuses*. Trad. Jaa Torrado. 3ª ed. São Paulo, Editora Iluminuras, 1995.

_____. *O trabalho e os dias* (primeira parte). Intr., trad. e coment. Mary de Camargo Neves Lafer. 3ª ed. São Paulo, Editora Iluminuras, 1996.

KARDEC, Allan. *A Gênese – os milagres e as predições segundo o espiritismo*. Trad. Guillon Ribeiro. 47ª ed. Rio de Janeiro, Editora FEB, 2005.

_____. *O Evangelho segundo o Espiritismo*. Trad. Guillon Ribeiro. 120ª ed. Rio de Janeiro, Editora FEB, 2002.

_____. *O Livro dos Espíritos*. Trad. Evandro Noleto Bezerra. 1ª ed. comemorativa. Rio de Janeiro, Editora FEB, 2007.

_____. *O Livro dos Médiuns*. Trad. Guillon Ribeiro. 71ª ed. Rio de Janeiro, Editora FEB, 2003.

KÜHL, Eurípedes. *Animais, nossos irmãos*. São Paulo, Editora Petit, 1995.

LAMB, Trevor D. A fascinante evolução do olho. *Scientific American Brasil*, ed. especial, n. 49, out. 2012.

MIRANDA, Hermínio C. *Autismo, uma leitura espiritual*. 3ª ed., 1ª reimp. São Paulo, Editora Lachâtre, 2012.

MUNDO ESTRANHO. Qual é a origem da lenda de que os gatos teriam sete vidas? Disponível em: <http://mundoestranho.abril.com.br/materia/qual-e-a-origem-da-lenda-de-que-os-gatos-teriam-sete-vidas>. Acesso em: 29 dez. 2011.

NEFFE, Jürgen. *Einstein, uma biografia*. São Paulo, Editora Novo Século, 2012.

NOVO TESTAMENTO. *O Novo Testamento de Nosso Senhor e Salvador Jesus Cristo, Salmos e Provérbios*. Trad. João Ferreira de Almeida. São Paulo, Os Gideões Internacionais, 1974.

OLIVEIRA, Sérgio Felipe de. *Estudo da estrutura da glândula pineal humana empregando métodos de microscopia de luz, microscopia eletrônica de varredura por espectrometria de raios X e difração de raios X*. Dissertação de mestrado em Ciências no Instituto de Ciências Biomédicas da USP, 1998.

POUSADA, Rômulo Monteiro. *Cães de guerra*. Disponível em: <http://www.1bg.eb.mil.br/canil/realcanil.html>. Acesso em: 01 dez. 2011.

PRADA, Irvênia. *A questão espiritual dos animais*. São Paulo, Editora FE, 2011.

_____. *O cérebro trino e nossa casa mental*. Disponível

em: <http://www.ameporto.org/pt/artigos/artigo12.htm>. Acesso em: 13 jun. 2012.

SAGAN, Carl. *O calendário cósmico.* Disponível em: <http://www.youtube.com/watch?v=2YrM3it4RrU>. Acesso em: 07 nov. 2011.

SEUCACHORRO.COM. *Cães na história.* Disponível em: <http://www.seucachorro.com/caes-na-historia>. Acesso em: 01 dez. 2011.

STANDRING, Susan (ed. chefe). *Grays's anatomia: a base anatômica da prática clínica.* Trad. Denise Costa Rodrigues et. al. Rio de Janeiro, Elsevier Editora, 2008.

TRIGUEIRO, André. *Espiritismo e ecologia.* 1ª ed. Rio de Janeiro, Editora FEB, 2009.

TUBINO, Paulo & ALVES, Elaine. *Medicina pós-hipocrática.* Disponível em: <http://www.veterinariosnodiva.com.br/books/9-medicina_pos-hipocratica.pdf>. Acesso em: 01 out. 2011.

VIEIRA, Waldo. André Luiz (espírito). *Conduta espírita.* 21ª ed. Rio de Janeiro, Editora FEB, 1998.

VIEIRA, Waldo & XAVIER, Francisco Cândido. André Luiz (espírito). *Evolução em dois mundos.* 25ª ed. Rio de Janeiro, Editora FEB, 2007.

WALLACE, Alfred Russel. *O aspecto científico do sobrenatural.* 1ª ed. Rio de Janeiro, Publicações Lachâtre, 2003.

XAVIER, Francisco Cândido. André Luiz (espírito). *Missionários da luz.* 22ª ed. Rio de Janeiro, Editora FEB, 1990.

_____. *No mundo maior*. 17ª ed. Rio de Janeiro, Editora FEB, 1991.

_____. *Nos domínios da mediunidade*. 14ª ed. Rio de Janeiro, Editora FEB, 1985.

_____. *Nosso Lar*. 47ª ed. Rio de Janeiro, Editora FEB, 1997.

VOCÊ PRECISA CONHECER:

O amor pelos animais
Ricardo Orestes Forni
Estudos e relatos • 14x21 • 176pp.

Aborda o intrigante assunto da alma dos animais, com esclarecimentos valiosos sobre diversos temas relacionados, mostrando a grandeza da criação divina, onde tudo tem o objetivo de evoluir. Apresenta ainda exemplos tirados do relacionamento de pessoas como Chico Xavier e Cairbar Schutel com os animais.

Conheça a alma dos animais
Severino Barbosa
Estudos e relatos • 14x21 • 168pp.

Despertado por casos presentes na mídia, o autor pesquisou o assunto em fontes seguras, como os livros de Allan Kardec, Gabriel Delanne, Léon Denis e Ernesto Bozzano, desenvolvendo um interessante trabalho, que aborda temas como a semelhança entre o homem e os animais, a inteligência, o psiquismo, as faculdades e os sentimentos dos animais, a sobrevivência da alma animal e os impulsos da evolução.

A oração pode mudar sua vida
José Lázaro Boberg
Doutrinário • 14x21 • 280pp.

Será que a oração pode mesmo mudar nossa vida? Mas como? Esses e outros questionamentos são esclarecidos minuciosamente pelo autor Boberg, que consegue nos explicar, de uma maneira simples, como a oração pode nos favorecer no trilhar do caminho sinuoso da vida terrena. Uma obra esclarecedora e que acalenta nossos corações e nossas mentes.

Não encontrando os livros da EME na livraria de sua preferência, solicite o endereço de nosso distribuidor mais próximo de você através do Fone/Fax: (19) 3491-7000 / 3491-5449.
E-mail: vendas@editoraeme.com.br – Site:www.editoraeme.com.br